Rosina Sonnenschmidt

Der Mutteratem in der Familienaufstellung

Rosina Sonnenschmidt

Der Mutteratem in der Familienaufstellung

Durch rhythmisches Atmen zur Selbstverwirklichung

Mit Beiträgen von Mechthild Scheffer und Harald Knauss

Narayana Verlag

Geleitwort

Des Menschen Selbstverwirklichung ist durch vielerlei unterschiedliche Prozesse und nach komplexen sowie komplizierten Anleitungen eventuell erreichbar, allerdings will der letzte Schritt dazu oft nicht gelingen!

Die Inkarnation – die Empfängnis – und die dann nachfolgende Geburt erscheint aus anthroposophischer Sicht wie das Einziehen in ein viel zu großes Gebäude. Um die ersten Räume dieses Gebäudes wirklich beziehen zu können, bedarf es mindestens drei Jahrsiebte. Dann sind wir Menschen mündig, die Individuation ist im Grunde abgeschlossen.

Nach einem weiteren Jahrsiebt sollte die Persönlichkeit dann so gefestigt sein, dass besonders die Seelenräume der Empfindung, des Verstandes und des Bewusstseins bezogen sind.

Etliche – meist ca. vier – weitere Jahrsiebte werden gebraucht, um den Einzug in dieses unser Gebäude zu vervollkommnen, dazu braucht es Erschwernisse im Leben, Hindernisse und Widerstände, die überwunden werden müssen. So entsteht letztlich die Unabhängigkeit von der eigenen Herkunftsfamilie.

Neben der tiefenpsychologischen und analytischen Sichtweise der Individuation hat sich – aus Amerika kommend – die systemische Betrachtungsweise in der Psychotherapie entwickelt. Sie wurde abgeleitet von schon bestehenden Systemkategorien, z.B. von der Kommunikations- oder Informationskategorie.

Diese Sichtweise basiert auf dem Paradigma, dass Phänomene, egal welcher Art, niemals isoliert betrachtet werden dürfen. Hierdurch entstand eine Aufbruchstimmung, in der sich Freude am Neuen mit dem Anzweifeln von Grundannahmen und das Betreten neuer Gleise abwechselten.

Hiernach ist der Mensch nicht nur ein Individuum, das sich existenziell auf andere beziehen muss, sondern er unterliegt auch unterschiedlichen hierarchisch geordneten Systemen. Somit ist er ein Lebewesen, das in Bio-, Psycho- und Soziosystemen sowie in einem somatischen System existiert – ein systemisches Lebewesen also.

Seine Identität, sein Verhalten und sein Gefühlsleben hängen unmittelbar von den Systemen ab, denen er sich zugehörig fühlt. Die systemische Therapie unterliegt also einem logischen Ableitungsmodell unseres individuellen Handelns.

In diesem Buch folgt Rosina Sonnenschmidt einer ganz anderen Sichtweise. Ich freue mich darüber, hierin wiederzufinden, was in den anderen Betrachtungsweisen, die ich eben angesprochen habe, oft nur bruchstückhaft anklingt. Hier nun wird all dies sehr anschaulich und zusammenhängend dargelegt. Dies Buch zeigt meiner Ansicht nach wichtige Erkenntnisse auf, wie der Weg zu einem freien und selbstbestimmten Menschen beschritten werden kann.

Zusammen mit der Schriftenreihe „Organ – Konflikt – Heilung" ist nun ein Werk entstanden, das ganzheitliches Wahrnehmen mit medizinischem und psychologischem Wissen verbindet. Dies geschieht durch die Schilderung von Lebenserfahrungen von der Antike bis in die Gegenwart und aus Orient wie Okzident.

Dieses Werk dürfte nicht nur für Therapeuten, sondern für Leser aus vielen anderen Bereichen wichtig sein – Lesern, die versuchen zu erkennen, was sich in unserer so schnelllebigen Zeit wie entwickelt. Dies ist meines Erachtens sehr wesentlich für unser Selbstverständnis der Gestaltung unseres Ich sowie für das Überleben in dieser Postmoderne überhaupt.

Vorwort

Es sind mittlerweile nicht nur viele Bücher zum Thema der systemischen Familienaufstellung erschienen. Ebenso die Kriegs- und Nachkriegsgeneration wurde dahingehend erforscht, was es mit Menschen macht, wenn sie Kriegstraumata erleben und nicht erlösen, sondern Erlebnis- und Verhaltensmuster weitervererben. Auch welches Verhalten das bei deren Kindern und Kindeskindern verursacht, wurde von verschiedenen Autorinnen und Autoren gründlich beleuchtet. Vieles ist also aufgearbeitet und ins Bewusstsein gerückt. Besonders uns Deutschen, die jahrzehntelang mit einem verkümmerten Selbstbewusstsein beinahe den aufrechten Gang verlernt hätten, ist klar geworden, dass sowohl das individuelle als auch das kollektive Verhalten von unerlösten geistigen Erbstücken geprägt ist.

Wir Nachkriegskinder und Nachkriegsenkel fühlen uns zwar nicht mehr verantwortlich für das „Hitler-Syndrom“, aber wir tragen die Folgen auf subtile Weise. Indem wir auf diese Denk- und Verhaltensmuster schauen, beginnt ein individueller und kollektiver Heilungsprozess. Er ist bei weitem noch nicht abgeschlossen, aber im vollen Gange. Denn nun fällt es mehr und mehr Menschen auf:

- Wir definieren uns durch Fleiß, Betriebsamkeit und Arbeiten bis zum Umfallen.
- Leben am Limit ist „in“.
- Wir haben fast panische Angst vor der schöpferischen Pause.
- Wir sind atemlos.
- Die Volksgesundheit ist maroder denn je.
- In allen Lebensbereichen gibt es Zeichen dafür, dass die Ausnahme zur Regel erhoben wird.
- Der Erfolg für die Arbeitsleistung tritt besonders bei Frauen der Nachkriegs- und Enkelgeneration auffällig spät ein.
- Von Männern wird erwartet, dass sie schon in jungen Jahren so geschäftstüchtig, erfolgreich und leistungsstark wie „alte Hasen“ sind.
- Die Investition in Fortbildungen (Input) steht bei auffallend vielen Menschen in keinem Verhältnis zum Erfolg (Output).

Gleichzeitig haben wir in Deutschland eine vorbildliche Entwicklung der Ganzheitsmedizin zu verzeichnen, ein Ökobewusstsein und eine kreative Lebens- und Berufsgestaltung, die ihresgleichen in Europa sucht. Nur neigen wir dazu, das in der täglichen Hast von einem Termin zum nächsten, von einer Karrieresprosse zur nächsten nicht gebührend zu würdigen. Wir sind Meister im Jammern geworden.

Wenden wir den Blick vom kollektiven Verhalten zum individuellen, fallen einem Denk- und Verhaltensmuster auf, die schließlich zum Thema dieses Buches führen:

- Trotz Fleiß, Ausbildung und Kompetenz zu wenig oder gar kein Erfolg.
- Trotz Kompetenz ein ausgeprägter Mangel an Selbstvertrauen und Zufriedenheit.
- Trotz guter Zeugnisse und das Gewinnen von Preisen die fehlende Wertschätzung des eigenen Tuns.

Die davon geprägten Verhaltensmuster habe ich über Jahrzehnte in verschiedenen Berufssparten und sozialen Schichten beobachten können. Es hat mich nicht losgelassen, nach den Ursachen zu fragen und zu forschen. Frühere Feldforschungsarbeiten machten mich mit Traditionen Süd- und Ostasiens vertraut, wo sich trotz zum Teil katastrophaler Lebensumstände, sozialer Probleme und Volksgesundheit ein ungebrochenes Selbstwertgefühl und Selbstvertrauen erhalten hat. Ich kam zu dem Fazit: Wir haben durch Fleiß einen hohen Lebensstandard erreicht, haben Zeichen von Fülle, wohin wir schauen, und sind dennoch nicht glücklich und zufrieden.

Dank der familiensystemischen Arbeit, eingeleitet durch Bert Hellinger, haben zahllose Menschen den Blick nach hinten in ihr Familien- und Ahnenfeld gerichtet, vieles aufgearbeitet und Versöhnungsarbeit geleistet. Das hat zweifellos auch eine positive Auswirkung auf das kollektive Bewusstsein. Und dennoch sind Input und Output gerade im Berufsleben bei vielen Menschen aus dem Gleichgewicht geraten, was verständlicherweise in Frustration, letztlich auch in „Burnout-Syndrom", „Chronic-Fatigue-Syndrom" und Lebensunlust mündet, Zustände, denen wir in der Therapie begegnen.

Eine Folge der Disharmonie zwischen Einsatz und Ergebnis erkannte ich insofern auch in der Medizin, als sie einen riesigen Überhang an Diagnosemöglichkeiten erschaffen hat, aber nur einen winzigen Teil an Heilungsangeboten, die zum größten Teil aus Unterdrückungsmaßnahmen oder Operation bestehen. In dieser Kluft hat sich die Pharmamedizin als größte Wirtschaftsmacht eingenistet. Sie hat damit der höchsten Position der Stahl- und Kohleindustrie von einst den Rang abgelaufen. Sie bestimmt, was medizinisch sein darf und was nicht. Das Bemühen, Krankheitssymptome auf dem schnellsten Wege zum Verschwinden zu bringen und das als Heilung zu verkaufen, ist zum „Dauerlauf" seit Kriegsende geworden.

Als Vertreterin der Ganzheitsmedizin und Pionierin in vielen Bereichen der Heilkunst habe ich von diesen offensichtlichen Schräglagen unbeeindruckt meinen Weg zu tiefer liegenden Ursachen gesucht – und gefunden. Es ist gut zu wissen, was wir als Nachkriegsgeneration getragen haben oder immer noch tragen. Aber die Kernfrage bleibt: Wie ist das Dilemma zu beheben? Wie kann das Gleichgewicht zwischen Input und Output im Berufsleben hergestellt werden? Wie kann sich ein jeder mit seinen Potenzialen optimal selbst verwirklichen? Da ich ausschließlich lösungsorientiert bin, führte mich die Suche nach Lösungen immer wieder zu einer einfachen Erkenntnis: Atem ist Leben und Leben ist Bewusstsein. Atem ist Bewusstsein.

Atem ist also Bewusstsein.

Diese Erkenntnis dünkt lapidar und selbstverständlich. Sie ist die Basis jahrtausendealter Bewusstseinsschulungen in Asien. Indem ich begann, sie ins Werk zu setzen, sie in der Therapie zu verwirklichen, offenbarte sich etwas, das ich als ein verborgenes Geheimnis der systemischen Familienarbeit erkannte: die Lösung vom Mutteratem. Hierbei kam mir meine jahrzehntelange Erfahrung mit Atemschulungswegen, Atemtherapien und der altindischen Atemkunst zugute. In Letzterer widmet man sich dem energetischen und spirituellen Aspekt des Atmens. Nicht zuletzt verdanke ich zwei Vertretern der indischen Kultur einen tiefen Einblick in dieses Thema: dem Tänzer, Sänger, Musikwissenschaftler und Tantra-Meister Trayaloka Rāṇa und der Hebamme Sāya aus der Hebammenkaste am untersten Rand des indischen Kastensystems. Es war nur eine Frage der Zeit, wann sich die einzelnen Erfahrungen und Erkenntnisse in einem Brennpunkt sammeln würden. Dieser Zeitpunkt ist nun herangereift, da ich bereits sehen kann, was die bewusste Lösung vom Mutteratem bei Kolleginnen und Kollegen erbrachte, nämlich mehr Selbstvertrauen, Zentriertheit und Erfolg im jeweiligen Beruf.

Indem ich mich dem Phänomen des Mutteratems zuwandte und ihn in seiner Tiefe erkannte, ergab sich auch ein heilsamer Weg aus der Loslösung von Kriegs- und Nachkriegsbewusstsein. Von höherer Warte aus gesehen spielt es keine Rolle, welches Bewusstsein über den Mutteratem auf den Fötus übergeht, denn nach der Geburt steht nur eines auf dem Lebensprogramm: Dank für die „Leihgabe“ und voran mit der Selbstverwirklichung, mit der Entwicklung eines eigenen Atems = Bewusstseins. Die zentrale Frage lautet also: Wo will ich hin? Das Leben ist zukunftsorientiert; in der Vergangenheit kann niemand leben. Jeder lebt auf seine Weise seine Zukunft. Damit das möglich wird, hat die Natur verschiedene Lebensstationen vorgesehen, bei denen wir schrittweise in den Eigenatem hineinwachsen und zugleich den Mutteratem loslassen:

- Nach der Geburt, indem das Kind selbstständig atmet.
- In der Nein-Phase des Kindes, indem es erstmals eine Grenze zwischen Ich und Du/Wir zieht.
- Zwischen 5 und 7 Jahren, wenn das Kind im Kindergarten und in der Schule erstmals von der Mutter getrennt ist.
- In der Pubertät am Übergang zwischen Kindheit und Erwachsenenwelt.
- In der Erlangung der Volljährigkeit, die früher mit 21 Jahren, heute mit 18 Jahren erlangt wird. Eigentlich sollte es der Zeitpunkt zwischen 20 und 23 Jahren sein, wenn der Organismus voll ausgereift ist.

Wie zu sehen sein wird, sind heute die meisten Entwicklungsstufen des Eigenatems von modernen Vorstellungen, was einen Menschen zur Reife bringt, überlagert. In den meisten Fällen ist alles zu früh und zu schnell, so dass wir ähnlich wie vor 300 Jahren im Zeitalter des Rokoko eher von kleinen Erwachsenen sprechen können und für das Kindsein kaum noch Zeit bleibt. Das hat insofern fatale Folgen, als sich die Natur in uns nicht wirklich täuschen und manipulieren lässt und ein Teil in uns kindlich bleibt, während das Leistungsbewusstsein die Maßstäbe von Erwachsenen einfordert. Trotz aller Bestrebungen, die Naturgesetze aus den Angeln zu heben, wirken sie ihrem ewigen Rhythmus gemäß. Gerät unser Jet-Set-Bewusstsein damit in Kollision, suchen wir das Hindernis in der Natur, draußen in der Umwelt und nicht in uns selbst. Unbemerkt bleibt dadurch eine zu lange Bindung an den „Leihatem" der Mutter erhalten, denn er bedeutete ja einst absolute Sicherheit. Dadurch, dass wir aber nicht mehr im geschützten Raum des Mutterleibes sind, der Auftrag der Geburt die Entwicklung des Eigenatems im Sinne des eigenen Bewusstseins bedeutet, entstehen im Leben vieler Menschen scheinbar unbegreifliche Ungereimtheiten, Hindernisse, Frustrationen. Ich fasse sie in dem Begriff der „chronischen Erfolglosigkeit" zusammen. Wie ebenfalls zu sehen sein wird, erlaubt die bewusste Lösung vom Mutteratem und bewusste Stärkung des Eigenatems auch die Überwindung der oben genannten Verhaltensmuster der Nachkriegs- und Enkelgeneration.

Jeder möchte gewürdigt und anerkannt werden, möchte erfolgreich sein, am besten auch noch kerngesund. Das sind verständliche menschliche Wünsche. Mangelnde Anerkennung macht mürbe und labil und damit anfällig für schnelle Lösungen und für Abhängigkeiten. Heute sind die Angebote nicht mehr so offensichtlich wie in den 70er Jahren, als man Mitglieder für diverse Sekten mit Gesang und Marktrufern warb. Heute ist das so verfeinert, so subtil und leider oft so kaltherzig, dass es die in ihrem Ringen um Erfolg und Anerkennung Befangenen nicht merken. Es wird heute viel auf dem Markt angeboten, das vordergründig liebevoll und voller Mitgefühl erscheint und im Hintergrund eine straffe Organisation darstellt, die Menschen mitnichten in die Freiheit, sondern beinahe unmerklich in die Abhängigkeit führt.

Es gibt aber nun mal keine schnelle Lösung, es gibt keinen schnellen Erfolg und kein schnelles Glück, keine schnelle Gesundwerdung und keine Abkürzung, wenn es um unser Seelenheil geht. Anerkennung und Erfolg im Leben basieren nicht auf materialistischen Werten, sondern auf einem im besten Sinne „eigensinnigen" Bewusstsein, das sich auf materieller Ebene manifestiert. Dieses Buch wird das in aller Deutlichkeit zeigen. Es lohnt sich, einen Bewusstwerdungsprozess zu durchlaufen, so dass man am Ende erfolgreicher und von einem gesunden Selbstwertgefühl durchdrungen ist, dabei aber frei im Geist, unabhängig, eigenwillig und mit einem verlässlichen Halt ausgerüstet bleibt. Das ist das Ziel aller meiner Lehrtätigkeiten. Wir alle haben die Entscheidungsfreiheit, welche Kräfte und Energien wir in dieser Zeit stärken, was wert oder nicht wert ist, von uns genährt zu werden, und vor allem, was losgelassen werden sollte. Ein untrügliches Qualitätsbewusstsein ist heute Gold wert, denn es hilft einem, sich im unüberschaubaren Dschungel Glück und Erfolg verheißender Angebote seinen Weg zu bahnen. Das kann nur erfolgreich geschehen, wenn man sich stets über sein Bauchhirn prüfend fragt: Tut mir das gut? Geht es mir gut damit? Das Bauchhirn kann nicht getäuscht werden, wohl aber das Frontalhirn.

Auf diesem Hintergrund eröffne ich die Thematik des Buches und wünsche allen Lesern den verdienten Erfolg und die verdiente Anerkennung in ihrem Leben.

FREIHEIT bedeutet,
alles tun und
alles lassen zu können

1

Mein eigener Erkenntnisweg

Die längste Zeit meines Lebens befasse ich mich mit dem Phänomen der Atmung – spirituell, sängerisch und therapeutisch. Von heutiger Warte aus gesehen sieht es so aus, als sei es mir vorbestimmt, alle Sonnen- und Schattenseiten, Zusammenhänge rund um den Atem und die Atmung zu erforschen und selbst zu erleben. Das Thema „Mutteratem" tauchte gleich zu Beginn meines Lebens auf:

Während meiner Kinder- und Teenagerzeit litt ich unter unerklärbaren, panikartigen Atemnotanfällen, sobald ich ein größeres Gewässer sah oder gar im Schwimmbad war. Das passte nicht zu der Freude am Theaterspielen mit begeisterter Textdeklamation und nicht zu meinem auffallend langen Atem beim Singen. Mit 16 Jahren (1963) war ich auf der Suche nach einem spirituellen Halt und fand ihn in einem Buch über Yoga. Darin wurden sowohl Prāṇāyāma-Übungen als auch Haṭhāsanas (Körperposen des Haṭha-Yoga) beschrieben, die ich autodidaktisch ausübte, da es weit und breit im Ruhrgebiet keinen Yogalehrer gab. Die Übungen gaben mir die Gewissheit, die Atempanikattacken überwinden zu können. Mich interessierte vor allem die spirituelle Bedeutung der Trinität Sonnen-, Mond- und Erdatem. Doch infolge einer schweren, mit 56 Injektionen bekämpften Hals-Nasen-Diphtherie mit 10 Jahren wurde der Gesundheitszustand trotz der Yogaübungen immer schlechter, so dass ich zwar viele Preise im Wettbewerb für Nachwuchssänger mit 17 Jahren gewann, aber das Gesangsstudium mit 18 Jahren abbrechen musste, weil der Herzmuskel vollkommen verformt und vernarbt war und die Anämie lebensbedrohlich wurde. In dieser aussichtslosen Lage begegnete ich zwei älteren Gesundheitsberaterinnen, die mich rhythmische Atem- und Drüsenübungen lehrten. Über Heilnahrung und viele Kuren mit Kräutern und Gewürzölen, Darmsanierung und Leben im Rhythmus der Jahreszeiten gewann ich nicht nur Lebensmut und Gesundheit zurück, sondern auch die Zuversicht, die Atemnot angesichts tiefer Gewässer ganz zu überwinden. Denn diese unerklärbare Not machte mich traurig, so dass ich oft tagelang weinte und nur beim Hören von Musik einigermaßen Trost und Atem fand.

Ich entsinne mich an eine Lehrstunde über rhythmische Atemübungen, die mich lebhaft an die Übungen des Prāṇāyāma erinnerten, als der Begriff „Mutteratem" fiel. Er wurde so erklärt, dass zum offensichtlichen Ein- und Ausatmen noch eine dritte Komponente gehöre, nämlich die Atem<u>energie</u>, die in beiden enthalten sei und aus beiden Atembewegungen hervorgehe. Außerdem übernehme jeder Mensch während der Schwangerschaft die Atmung seiner Mutter und die gelte es zu überwinden. Dafür seien vor allem die rhythmischen Atemübungen notwendig, um in die eigene Atemkraft zu gelangen.

In mir war von Kindesbeinen an ein Forschergeist rege, deshalb wollte ich mehr darüber wissen. Nach knapp zwei Jahren war mein Herz wieder ein normal arbeitender Muskel, die hochgradige Anämie war behoben und mein Organismus war laut kardiologischer und internistischer Untersuchung in einem altersgemäß guten Gesundheitszustand. Nachdem mein Musikstudium bereits mit 23 Jahren abgeschlossen war, entschied ich mich 1970 für ein Aufbaustudium mit den Hauptfächern Musikethnologie – damals ein neues Studienfach – und Indologie. Dank eines Leistungsstipendiums bekam ich 1972 die Gelegenheit zu einer ersten Feldforschungsarbeit in Nordindien. In Kalkutta hatte ich das Glück und die Ehre, dem Nepalesen Trayaloka Rāṇa zu begegnen. Dieser Tantra-Meister, Sänger, Musiker, Tänzer und Musikwissenschaftler stillte meinen Wissensdurst über die spirituelle Bedeutung des Atems und unterwies mich vier Monate lang fast täglich in der Atemkunst des Prāṇāyāma und eines indotibetischen Atem-Tantras. Ich vertraute ihm mein altes Problem der Atemnotattacken an und hörte seine spontane Erklärung mit Staunen: „Du verfällst immer wieder in den Mutteratem, der offenbar voller Ängste gewesen war, und in der letzten Inkarnation bist du ertrunken.“ Beides sei aber nicht wichtig für mein jetziges Leben. Vielmehr gelte es, in meine eigene Atemkraft zu gelangen, um mein Bewusstsein zu erweitern. Das leuchtete mir ein und ich folgte seinen Übungsanweisungen mit voller Hingabe. Tatsächlich wich die Atemnot für immer und ich kam wie neugeboren nach Deutschland zurück, fest entschlossen, weiter meinen spirituellen Weg auf der Basis einer Atemschulung zu gehen. Schon wenig später begegnete ich der Zen-Meisterin Kōun-An Dōru Chicō Rōshi (Brigitte D´Ortschy), unter deren Obhut ich meine Zen-Schulung zwölf lange Jahre durchlief. Durch sie erfuhr ich die volle Bedeutung von Atemenergie als Basis der Bewusstseinserweiterung und dass der einstige „Leihatem“ der leiblichen Mutter dadurch überwunden wird. Kōun-An Dōru Chicō Rōshi unterwies mich auch in der Bedeutung des tibetischen Bardo, der Wandlungsphasen im Sterbeprozess und in der Übertragung von Atemenergie auf einen Sterbenden. Dazu bot sich 1980 die Gelegenheit, als ich die Schwester

Abb. 1 Der Weg frei zur Selbstverwirklichung

meiner Mutter im Sterbeprozess begleitete und hautnah erlebte, welche positive Wirkung die Atemübertragung auf die körperliche und geistige Befindlichkeit haben kann. Kōun-An Dōru Chicō Rōshi betonte immer wieder, dass diese heilsame Begleitung eines Exkarnationsprozesses nur möglich sei, wenn man frei vom Mutteratem, ganz aus seiner eigenen Atemkraft heraus die Energie übertrage. Die Zen-Schulung tat gleich zu Beginn ihr Übriges – ein Jahr lang Ausatemzüge zählen, ein Jahr lang Einatemzüge zählen, ein Jahr lang Ein- und Ausatemzüge zählen. Atem und Bewusstsein als Einheit wurde dadurch erfahrbar.

1987 befand ich mich in der Ausbildung der Angewandten Kinesiologie und erhielt unverhofft auch noch letzte Erklärungen zum Thema Mutteratem. Wir hatten die Aufgabe, Stressoren über diverse Muskeltests von der Konzeption bis zur Geburt zu ermitteln. Kaum dass meine Übungspartnerin mich testete, verfiel ich in einen hektischen Atem, den ich nicht kontrollieren konnte. Bei der Altersrückführung zeigten die Zeugung und der vierte Schwangerschaftsmonat an. In der ESA-Sitzung (Emotionale Stressablösung) nahmen die Ängste meiner jungen 19-jährigen Mutter, die sie beim Bombenalarm und im Bunker ausgestanden hatte, ihre Ängste, mich unehelich empfangen zu haben, und ihr kurzzeitiger Entschluss, sich im Rhein zu ertränken, Gestalt an. In der Zeit des dritten und vierten Schwangerschaftsmonats wurde sie vom Vater verstoßen, aber von der Mutter geschützt. Als „gefallenes Mädchen" verlor sie immer wieder ihren Lebensmut, was sich bei mir in der Rolle des Fötus darin äußerte, dass ich sozusagen „die Luft anhielt" und mich nicht mehr rührte, um für die Mutter nicht spürbar zu sein. Nach Ablösung dieses Traumas in der besagten kinesiologischen Balance fühlte ich mich von Tonnenlasten befreit. Nun hatte ich auch eine Erklärung für meine einstigen Atemnotattacken gefunden und begriff, dass mit dem Mutteratem auch viel vom Bewusstsein der Mutter auf das Kind übertragen wird. Durch meine langjährigen Studien über die Atemkunst und durch die Erfahrung der Zen-Schulung war mir allerdings auch klar geworden, wie wichtig es ist, seinen Eigenatem oder den „eigenen Schöpfungsatem", wie ich ihn auch nenne, zu entfalten, um sich selbst zu verwirklichen. Mit der Selbstverwirklichung, so zeigte mein weiterer Lebensweg, war nicht allein der berufliche Werdegang gemeint. Vielmehr zeigte sie sich in der Entwicklung von Toleranz, lösungsorientiertem Denken und geistiger Unabhängigkeit, die ich stets anstrebte. Egal, welche Mäander, Höhen und Tiefen der Lebensweg beschrieb, ich konnte mich immer auf das Zusammenwirken von Atemtiefe, Intuition und Kreativität verlassen. Dieser Erfahrungshintergrund machte mich auch sensibel für das Thema „Mutteratem" bei anderen Menschen, sowohl bei chronisch Kranken als auch bei Kollegen in der Heilkunde.

2

Atem ist Bewusstsein

Atem ist Leben, Atem ist Bewusstsein. Diese beiden Botschaften wirken prägend auf den Fötus ein. Die Mutter leiht ihren Atem, ihren Atemrhythmus und das damit verbundene Denken, Fühlen und Handeln ihrem Kind. Die letzte Instanz, lebensfähig zu sein, durchläuft das Kind erst, wenn es geboren wird und selbstständig atmet. Dennoch ist in ihm noch die Erfahrung des Mutteratems lebendig. Dann folgen natürliche Ablösungsprozesse vom Mutteratem, die der Entwicklung des Eigenatems und des eigenen Bewusstseins dienen.

Nun war meine Beobachtung, dass zwar die psychisch-mentalen Themen mit Mutter, Vater, Ahnen usw. in der Therapie der Systemischen Familienaufstellung berücksichtigt wurden, aber ein zentrales Thema bislang keine Beachtung fand: Der Atem als Ausdruck des Bewusstseins, der eigene Atem und die Überprüfung, ob man sich vom Mutteratem tatsächlich gelöst hat, um sich voll und ganz zu verwirklichen. So nahm ich mich zunächst der Kollegen und Klienten an, die schon viel an ihren familiensystemischen Themen gearbeitet hatten und dennoch nicht in ihrem Leben vorankamen, nicht genügend Geld verdienten, immer wieder in depressive Verstimmungen oder Frustrationen glitten, ohne dafür eine Erklärung zu finden. Auch unerklärbare Verlust-, Versagens- und Existenzängste reihte ich in den Reigen der allgemein unerkannten Auswirkungen auf die mehr oder weniger stark erhaltene Bindung an den Mutteratem ein.

Ich konzentrierte mich ausschließlich auf den Mutteratem – ein Thema, das mich schon seit meiner Feldforschungsarbeit in Indien, als ich die Prāṇāyāma-Atemkunst studierte, fasziniert. In einer Kombination von Kinesiologie zwecks Stressablösung und Aufstellungsarbeit kristallisierte sich heraus: Die Lösung vom Mutteratem und die Entfaltung des eigenen Atems ist tatsächlich ein verborgenes Geheimnis, das es auf dem Weg zur Selbstverwirklichung zu lüften gilt. Ich meine damit nicht nur den beruflichen Erfolg, sondern vor allem die Beziehungsfähigkeit, die Selbstwertschätzung, das positive Verhältnis zum „eigenen Produkt", zum eigenen Tun.

Meine Erfahrung mündete in die Erkenntnis: Wer sich vom Mutteratem in aller Dankbarkeit löst und den Eigenatem kultiviert, erlebt den Ausgleich zwischen Input und Output, Investition und Energiegewinn und verdient plötzlich fast doppelt so viel Geld – verbunden mit einem unbeschreiblichen Gefühl von Befreiung. Auch in der Behandlung chronisch Kranker erwiesen sich die letzten Schritte in die Heilung um ein Vielfaches leichter, wenn die Lösung vom Mutteratem bewusst vollzogen wurde. Die Entfaltung der eigenen Atemkraft erhält in der Tat noch einmal eine besondere Qualität wie alles, das bewusst mit Körper, Geist und Seele als ganzer Mensch mit seinem gesamten Energiesystem erlebt wird.

Ich möchte auch sagen: Die Aufstellung des Mutteratems war das i-Tüpfelchen der Arbeit im familiensystemischen Feld, das Lösen der letzten Faser, um dann freie Energie für die Selbstverwirklichung zur Verfügung zu haben.

Es ist für jeden interessant zu überprüfen, ob oder inwieweit der eigene Atem bereits voll und ganz im Privat- und Berufsleben „strömt" – oder auch (noch) nicht. Das gilt für Therapeuten und Klienten. Dieses Buch richtet sich allerdings in seinem Aufbau und Inhalt primär an Therapeuten, die das „Know-how" des Familienstellens kennen und ihre Arbeit um das Thema „Vom Mutteratem zur Selbstverwirklichung" bereichern möchten. Bei ihnen setze ich voraus, dass sie ihren Eigenatem entweder schon bewusst leben oder im Rahmen meiner Art der Aufstellungsarbeit überprüft haben. Doch nimmt im Prozess der Lösung vom Mutteratem die Aufstellungsarbeit den geringsten Raum ein. Entscheidend sind alte, bewährte Atemübungen, die den Eigenatem, also das Selbstbewusstsein stärken. Man kann auch die Lehrerlaubnis für entsprechende Kurse erhalten, wenn ich mich davon überzeugt habe, dass jemand die Übungen zur Erweckung und Stabilisierung des Eigenatems beherrscht.

Die Sinnhaftigkeit des Themas liegt auf der Hand. Die Methode ist einfach und ohne großen Aufwand in der eigenen Praxis anwendbar. In diesem Buch sind alle Schritte der Lösung, der Stabilisierung des Eigenatems und der Wegbereitung in die Selbstverwirklichung beschrieben. Ein praxisbezogenes Buchthema erfüllt nach meiner Erfahrung seinen Zweck, wenn es für die Leser verständlich und in der eigenen therapeutischen Arbeit anwendbar ist. Wie zu sehen sein wird, ist mit dem Mutteratem wie auch mit dem Eigenatem das Thema „Bewusstsein" verbunden. Es geht weniger um eine Technik als um das tiefere Erkennen, was der Mutteratem und der Eigenatem aus spiritueller Sicht bedeuten. Von dieser Warte aus begreifen wir auch noch einmal mehr die Krankheiten unserer Zeit trotz hohen Lebensstandards, fleißiger Arbeit und Fortbildungseifers. Auch in zähe Heilungsprozesse und vermeintliche Therapieresistenz bei Patienten fällt mehr Licht.

Mein Ziel ist wie in allen Publikationen zum einen auf die Ganzheitlichkeit der Therapie und zum andern auf die schöpferische Kraft des Therapeuten gerichtet. Mir liegt das Wohl der Kollegen und Kolleginnen am Herzen. Geht es ihnen gut, wirkt sich das auf ihre Klientel positiv aus. Das heißt aber auch, zuerst bei sich selbst anzufangen, heilsam und achtsam mit sich umzugehen. Wir tun viel für andere und vergessen oft, auch uns selbst gut zu nähren, physisch, psychisch, mental und spirituell. Damit aber unsere verdienstvolle Arbeit im rechten Licht erstrahlt, ist es gut, das auch selber zu leben, was man anderen empfiehlt.

3

Die ganzheitliche Sicht des Mutteratems

Da wir im Westen keinen Ahnenkult pflegen, war die Einführung der familiensystemischen Aufstellung ein Segen. Sie brachte Licht in das Dunkel der Vorstellung, die Familienangehörigen und Ahnen seien isolierte Entitäten, mit denen man nur blutsverwandt wäre. Doch die Aufstellungsarbeit zeigte deutlich, wie lebendig das Energiefeld wird, sobald jemand es betritt und die Rolle eines Angehörigen, ob lebend oder verstorben, einnimmt. Die unsichtbaren Fäden werden plötzlich sichtbar, ebenso die disharmonischen Verstrickungen. Viel Erlösungsarbeit und Versöhnungsarbeit ist getan und hat die Heilkunde bereichert. Was im Wesentlichen durch diese verdienstvolle Therapierichtung erbracht wurde, war der Blick neben und hinter sich. Neben einem stehen flankierend die Lebenden. Mit ihnen sind wir in stetem energetischem Austausch, unabhängig davon, ob Nähe oder Distanz erwünscht ist. Damit dieser Energiefluss gewährleistet ist, war und ist Versöhnungsarbeit angesagt – mit den Eltern, Geschwistern und allen Verwandten, mit denen man sich verbunden fühlt.

Hinter einem öffnet sich, dem physischen Auge verborgen, das Ahnenfeld. Von dort fließt ebenfalls ein Energiestrom, ständig die sichtbare und unsichtbare Welt überschreitend. Mit den Ahnen im Frieden zu sein, ist genauso wichtig wie mit den Lebenden. Wer meint, ein Ahne besetze, belästige oder dominiere einen Lebenden, erliegt einer Illusion. Unsere Ahnen haben kein Interesse, uns zu behelligen. Es ist immer ein Lebender, der mit einem Ahnen im Unfrieden ist und ihn/sie deshalb vor sich in seinen Lebensweg stellt. Diese unerquickliche Resonanz kann lange währen und wird erst gelöst und erlöst, wenn der Ahne wieder dorthin „gestellt“ wird, wo sie/er hingehört: hinter einen Lebenden.

Wir haben somit in den letzten 25 Jahren viel nach hinten geschaut und alle möglichen Resonanzmöglichkeiten kennengelernt. Wir sind sehr vergangenheitsorientiert geworden. In der Tat begegnen wir vielen Menschen, die die Ursache für ihr Leiden in der Vergangenheit suchen, ja, sogar in der Rückführungstherapie in vermeintlich frühere Leben reisen. Die Reinkarnationstherapie hat ohne Zweifel ihre Verdienste zu verzeichnen. Doch auch sie ist vergangenheitsorientiert. Alfred Schatz, der Innovator der Angewandten Kinesiologie in Deutschland, sagte einmal während unserer Ausbildung 1987: „Manche Menschen brauchen einen großen inneren Abstand zu ihrem Problem, damit sie es anschauen können. Bei einigen reicht der Blick ins eigene Leben zurück, bei anderen muss der Abstand 1000 Jahre lang sein.“

Der tatsächliche Blick in eine frühere Inkarnation war über Jahrtausende nur einigen wenigen spirituellen Meistern vorbehalten und nie Voraussetzung für eine spirituelle Schulung oder für die Ausübung von Heilkunst. Warum sollte dieses Naturgesetz, die Pforte früherer Leben hinter uns zu schließen, wenn wir diese Erdenrunde antreten, aufgehoben werden? Meister kamen ohne den Blick in die Vergangenheit aus, und erst recht Millionen von Menschen. Es hat seinen Sinn, die physische und geistige Pforte der jetzigen Inkarnation, durch die wir in dieses Leben getreten sind, und die früherer Leben zu schließen, weil dieses momentane Leben nur einen Sinn hat: es zu leben und sich zu verwirklichen. Das geschieht, indem wir nach vorne schauen und vom Jetzt in die Zukunft gehen. Wir können nicht in der Vergangenheit leben, sondern nur sie als geschehen akzeptieren. Leben können wir nur von Moment zu Moment, von Augenblick zu Augenblick. Dadurch ergibt sich ein Weg, den wir vorwärts gehen. Wäre es von der Natur anders gewollt, wäre unser Gesicht, wären unsere Füße nicht nach vorne ausgerichtet.

Wenn wir diese Welt betreten, beginnt das Abenteuer, zwei Grundbedürfnisse zu erfüllen: zu wachsen und Bindungsfähigkeit zu erlangen, dies wiederum im physischen und im geistigen Sinne. Solange wir leben, ist alles im Leben ausgerichtet. Das irdische Leben ist begrenzt, hat einen Anfang und ein Ende. Wir gehen auf dieses Ende, den physischen Tod zu und es obliegt unserem bewussten oder unbewussten Wunsch nach Selbsterkenntnis, darin auch unseres unsterblichen Aspekts, des göttlichen Schöpfungsfunkens innezuwerden. Wir sind sterblich und zugleich unsterblich. Um das zu erfahren, sind seit Menschengedenken spirituelle Schulungswege entstanden, die auf dem Atem aufbauen, um nach innen zu schauen, in die Stille einzutauchen, die Gedankenvielfalt und Gefühle gleich Wolkenschiffchen vorbeisegeln zu lassen, frei zu werden von aller irdischen Verhaftung. Es klingt paradox: Je tiefer wir nach innen schauen, umso weiter wird das Bewusstsein und umso mehr verwirklichen wir uns selbst. Nach innen zu schauen bedeutet aber nicht, den Blick nach hinten zu richten. Unser irdisches Leben ist ausschließlich zukunftsorientiert. Wir nutzen die kurze Frist der Inkarnation, um unser wahres, unsterbliches Wesen bewusst zu erfahren. Das geschieht nur in einem Körper. Was ohne Körper an Entwicklung geschieht und möglich ist, erfahren wir erst, nachdem wir die Leihgabe „Körper“ eines Tages abgelegt haben. Der Körper ist der Tempel des Bewusstseins. In ihm und durch ihn erfahren wir die zentralen Fragen und Antworten: Wer bin ich? Was sind Leben und Tod?

Jeden Abend wird in den Zen-Tempeln auch heute noch folgender Vers rezitiert, der über 2000 Jahre alt ist und von Indien über China nach Japan tradiert wurde:

Die Frage von Leben und Tod ist bedeutsam,
drum karge mit der Zeit.
Sei stets hellwach
und voll Besonnenheit
und lass dich nicht gehen.[1]

Damit wir den Weg der Selbsterkenntnis gehen können, muss alle gebundene

1 Zu diesem „Abendspruch“ hat die Zenmeisterin Kōun-An Dōru Chicō Rōshi (Brigitte D´Ortschy) ein Teisho (inspirierte Rede) gehalten. Siehe Literaturverzeichnis.

Energie frei werden. Anders gesagt: Der Weg vor uns sollte frei sein, es sollte nichts im Wege stehen oder liegen. Folglich beginnen wir instinktiv oder intuitiv den Weg freizuräumen von Verhaftungen an Vergangenes. Mit jeder Versöhnung und jedem Loslassen von Vergangenem wird Lebensenergie frei und bereiten wir die Entwicklung von der Kopie zum Original vor. Zu seinem Original zu werden bedingt, zukunftsorientiert zu sein, nach vorne zu schauen – wo übrigens auch alle Lösungen liegen. Alles, was gelöst ist, gehört augenblicklich der Vergangenheit an.

Das jetzige Leben anzunehmen, erfordert viel Kraft, denn der Weg geht selten geradeaus und beschwerdefrei. Er windet sich, schließt Krankwerden, Heilwerden, Enttäuschung, Freude und Leid, kurzum: alles ein, was unser Menschsein ausmacht, und auf diesem gewundenen Pfad suchen wir einen Sinn. Das treibt uns voran. Wenn wir keinen Sinn in unserem Leben finden, beginnen wir nach hinten zu schauen. Auch wenn wir meinen, den Herausforderungen des Lebens nicht mehr gewachsen zu sein, suchen wir nach dem inneren Halt oder nach einem Schuldigen neben oder hinter uns. Das ist zwar menschlich, aber hält unsere Entwicklung letztendlich auf. Die Befriedigung, einen Schuldigen gefunden zu haben, ist nur von kurzer Dauer. Hat die Lösung stattgefunden, sollte der Blick wieder nach vorne gerichtet sein. Doch was ist vor uns? Was ist wert, dafür vorwärts zu gehen? Auf welches Ziel mögen wir zugehen? Wohin soll die Reise gehen? Sehen wir nur den physischen Tod, das Ende der Lebensspanne vor Augen oder geben wir dem Drang nach, das Unsterbliche, den Schöpfergott, die Schöpfergöttin in uns zu erfahren?

Sind wir im Wirrwarr der Gefühle, der Verstrickungen mit Familie und Beruf gefangen, gerät in Vergessenheit, dass jeder sein Leben gewählt hat und jeder das erlebt und wahrnimmt, was seinem Bewusstsein entspricht. Jeder erschafft sich seine Welt. Jeder hat sich seine jetzige individuelle Inkarnation und die Geburt in das Kollektiv dieser Zeit gewählt. Von höchster Warte aus gesehen hat sich auch jeder einen bestimmten Tempel = Körper für seine Bewusstseinsentwicklung gewählt. Nun heißt es, dies kraft des Bewusstseins zu durchdringen, zu erkennen und zu verwirklichen. Es trägt jeder die Verantwortung in sich, nach vorne zu gehen, seine Zukunft zu erschaffen und braucht dazu 100 % Prozent Lebensenergie. So ist es von der Natur vorgesehen. Aber wir verhalten uns oft anders und neigen dazu, die Naturzugehörigkeit zu ignorieren.

Der Mutteratem ist die letzte Bindung, die viele Menschen unserer Zeit unbewusst aufrechterhalten, obwohl sie geboren, abgenabelt, erwachsen sind und vermeintlich einen eigenen Atem entwickelt haben. Vom Mutteratem gilt es sich aber zu 100 % zu lösen, denn er ist nur eine Leihgabe der physischen Mutter, solange wir in ihrem Uterus zu Gast sind. Postnatal atmen wir selber und damit beginnt unser individueller Lebensweg. Darin eröffnet sich die Aufgabe, seinen eigenen Atem zu finden. Da Atem Leben und Leben Bewusstsein ist, dient die Möglichkeit der Aufstellung des Mutteratems und des Eigenatems als Impuls, das zu begreifen. Dazu genügt aber nicht die Aufstellung selbst. Der Klient bearbeitet ja nicht ein psychisch-mentales Thema wie bei der Versöhnungsarbeit, macht ein Ritual und erlebt im Alltag, was sich von seiner Lösungsarbeit verwirklicht oder vielleicht auch (noch) nicht. Die Tatsache, dass selbst viele Aufsteller noch ganz dem Mutteratem verhaftet, vergangenheitsorientiert sind, oft auch frustriert, weil ihre Arbeit zu wenig erfolgreich ist, zeigt, dass dieser Anteil tief in uns Wurzeln schlagen kann. Da wir keine obligate Atempflege und erst recht keine Bewusstseinsschulung per Atemkunst in unserer Kultur verankert haben, sind wir uns des Hindernisses auch gar nicht bewusst. Und selbst wenn es uns bewusst geworden ist kann man den Mutteratem nicht mal eben abschütteln, auch nicht in mehreren Sitzungen. Es bedarf einer unmittelbaren Erfahrung in <u>einer</u> Sitzung. Der Klient muss drei Schritte vollziehen:

1. Er muss den Mutteratem bewusst wahrnehmen, das heißt ihn aus seinem eigenen Atemverhalten herausfiltern.
2. Er muss diesen Anteil loslassen und
3. seinen Atem bewusst wahrnehmen und stabilisieren.

Vergessen wir nicht: Es geht hier nicht um eine Form der Atemtherapie, der Atemtechnik, sondern um Bewusstsein. Dafür muss Raum und Zeit zur Verfügung stehen. Die reine Aufstellungszeit ist hierbei zweitrangig und nur von kurzer Dauer; sie dient als Einstieg und Kontrolle. Die letzten Spuren des Mutteratems loszulassen und mit voller Kraft den Weg der Selbstverwirklichung zu beschreiten, ist von ungeheurer Dynamik und erfüllt den Sinn der jetzigen Inkarnation. Andererseits werden auch schonungslos eigene Verhaltensweisen aufgedeckt, mit denen man sich arrangiert hat und die von Frustration und Fatalismus durchdrungen sind, z. B.:

„Noch immer nicht gut genug zu sein“,

„keinen richtigen Erfolg im Leben zu haben“,

„zu kurz gekommen zu sein“

„so sein zu wollen wie jemand anderer“ usw.

Diffus wird ein „Hemmschuh“ gespürt, obgleich jemand schon viel an sich selbst gearbeitet hat und niemandem mehr im Familienfeld die Schuld zuweist. Genau das ist frustrierend. Dem Mutteratem sind beim Durchschnittsmenschen so viele andere Kopien von jemandem oder etwas überlagert, dass es auf eine mehr oder weniger nicht ankommt und die übliche Aufstellungsarbeit die Schichten erst mal abtragen hilft. Aber dann stellt sich die Frage: „Jetzt kenne ich meine Potenziale, ich könnte jetzt mein Original leben, bin mit mir und der Familie in Versöhnung, warum bin ich immer noch vergangenheitsorientiert? Was hindert mich, einen Ausgleich zwischen Input und Output zu erleben?“

Viele dieser frustrierten Therapierten merken es selbst nicht, dass sie vergangenheitsorientiert sind, wesentlich mehr aus der Vergangenheit erzählen, markante Stationen ihres Lebens detailliert zu berichten wissen und in ein bestimmtes Alter zurückfallen. Von außen betrachtet sind es Nuancen im Verhalten, die nicht mehr die Person selbst sind, sondern Überschattungen von etwas anderem. Am leichtesten kann man als Betrachter den Mutteratem bei jemandem ausmachen, wenn der Blick für die Atmung und die gleichzeitige Körpersprache geschult ist. Ein typisches Zeichen ist zum Beispiel, dass jemand plötzlich in einer Gesprächsrunde etwas Vergangenes aufgreift und die Körperhaltung dazu tendiert, sich wie ein Fötus zusammenzurollen, die Stimme flach wird und die Atmung unregelmäßig. Plötzlich verwischen sich die Spuren einer trainierten Atemtherapeutin, eines erfahrenen Aufstellers oder Therapeuten.

Wir müssen uns ja klarmachen, dass jemand den Mutteratem in sich trägt, aber auch eine Menge Bewusstseinsentwicklungen durchlaufen hat, vielleicht meditiert, Atemübungen macht und sich die Ansätze des eigenen Atems mit der Atemleihgabe ständig vermischen. Es bleibt nur das diffuse Gefühl einer „Ladehemmung“, eines unsichtbaren Hindernisses, das aber draußen gesucht wird, weil die Einheit Atem-Bewusstsein einem nicht bewusst ist.

Anders verhält es sich bei Menschen, die einen soliden spirituellen Weg gehen, der auf der Atemschulung basiert. In diesem Falle wird immer das vollzogen, was Mystiker wie Meister Eckehardt das „Leerwischen einer Tafel“ oder Zen-Meister das „Leerwerden wie ein weißes Blatt Papier“ bezeichnen. Hier wird durch Atemmeditation alles Haften an Vergangenheit, an Vorstellungen, Emotionen und Wünschen buchstäblich weggewischt, weggeatmet, um Raum-Zeit für das eigene Atembewusstsein zu schaffen.

Die Befreiung vom Mutteratem in aller Dankbarkeit ist somit der Anfang eines spirituellen Weges. Das erfährt jeder, der dies überprüft hat. Vom Mutteratem zum eigenen Atem zu wechseln, ist ein Bewusstwerdungsprozess, der nur darauf ausgerichtet ist, in voller Eigenverantwortung sein Leben zu gestalten und sich darin selbst zu verwirklichen. Sind die letzten Bewusstseinsfasern des mütterlichen Atmens und Bewusstseins abgestreift, ist vorne der Weg frei. Das ist ein großes Geschenk und zugleich die größte Herausforderung, fortan draußen, neben oder hinter sich keinen Schuldigen mehr für Schwierigkeiten, Krankheiten oder sonstige Unbill zu suchen. Indem der Mutteratem sich erübrigt, gilt nur noch der eigene Atem, das eigene Bewusstsein und die volle Verantwortung für seinen Lebensweg. Erst im Nachhinein begreift man, was alles noch am Mutteratem haftete und nun zu freier Energie geworden ist. Jetzt heißt die zentrale Frage: Was fangen wir mit der frei gewordenen Energie an?

Ein ganz pragmatisches Ergebnis ist bei vielen, die die Aufstellung des Mutteratems erlebt und verlassen haben, der Erfolg in dem, was ihr Alltagsleben ausmacht: die

Beziehung und der Beruf. Erfolg im Beruf ist mitnichten primär ein Vaterthema, sondern ein Thema der Bindung an den Mutteratem. Die Mutter ist die erste Heilerin; sie lehrt uns, was heilsam ist: Berühren und sich berühren lassen, Vertrauen in sich selbst und in das Leben allgemein. Die Mutterkraft ist es auch, die uns dazu bewegt, Heilsames zu tun. Anders gesagt: Die Vaterkraft vermittelt, was zu tun ist, und die Mutterkraft, wie wir etwas tun. Der berufliche Erfolg hängt nie von der Quantität, sondern von der Qualität unseres Tuns ab, auch wenn wir viel Geld verdienen. Entscheidend ist, ob wir an der Materie haften oder sie als Vehikel für die Selbstverwirklichung nutzen. An erster Stelle steht die Ehrung und Achtung des eigenen Tuns, des eigenen „Produkts" im physischen wie übertragenen Sinne. Ehren wir unsere eigene Arbeit, sind wir auch fähig, anderer Menschen Arbeit zu ehren. Auf diese Weise entfaltet sich die Tugend der Toleranz. Dazu ist keine intellektuelle Entscheidung möglich, sondern, wie wir alle wissen, eine Bewusstseinserweiterung nötig. Keiner kann auf Knopfdruck tolerant sein.

Nicht bindungsfähig zu sein, kein Glück in der Partnerschaft zu haben, hängt ebenfalls mit dem unbewussten Atmen zusammen, wie der Fötus in der Mutter. Dies bedeutet, keine eigene Atem- = Bewusstseinsentwicklung zu vollziehen. Nach einigen oder gar etlichen „Bruchlandungen" dämmert einem, dass man dauernd seinen Vater oder seine Mutter „heiratete" oder sonst ein Verhaltensmuster des familiensystemischen Feldes kopierte. Jede Erkenntnis von Kopie und Verhaftung ist ein Schritt in den eigenen Atem. So gesehen sind alle Probleme, Krisen, Krankheiten Wegweiser zum eigenen Atem. Nirgendwo zeigt sich das deutlicher als bei unseren Patienten, die einen ganzheitlichen Heilungsweg durchlaufen. Heilung bedeutet ja, sein Original zu werden. Dass dieser Bewusstwerdungsprozess unlösbar mit der Qualität des Atmens verbunden ist, mag uns neu dünken. Doch, wie noch zu sehen sein wird, ist das die älteste Erkenntnis aller ausgereiften spirituellen Schulungswege.

Die Mutterthematik spielt bei vielen Patienten eine Rolle. Bert Hellinger fasste seine jahrzehntelange Arbeit einmal in der Erkenntnis zusammen: „Wenn wir mit der Mutter im Frieden sind, ist das meiste getan!" Die familiensystemischen Aufstellungen haben dies deutlich ins Bewusstsein gebracht. Themen wie Übernahmen von Denk- und Verhaltensmustern, Krankheiten und Glaubenssätzen sind uns bekannt. Es wurden viele kreative Wege gefunden, diese familiensystemischen Verhaftungen anzuschauen und zu lösen. Der Fokus liegt hierbei auf dem zunächst unmündigen Patienten, der sich nicht von der Kopie zu seinem Original entwickeln kann. Sie/er hat negative Erfahrungen mit Mutter, auch Vater und Familie gemacht und ist in der systemischen Arbeit bemüht, sich von diesen Banden zu lösen. Es steht außer Frage, dass dieser Prozess vormals gebundene Energie freisetzt und der Patient auf einem guten Weg in die

Eigenautorität, Eigenverantwortung und Selbstverwirklichung ist. In der Aufstellungsarbeit geht es um psychische und mentale Problemstellungen, die sichtbar und erfahrbar gemacht werden und in die Lösung von Konflikten führen sollten. Dennoch kann der Mutteratem im Verborgenen noch wirksam bleiben. Genau hier setzt meine Arbeit der Lösung vom Mutteratem an.

Dem Thema des Mutteratems bin ich während meiner Feldforschungsarbeiten in Nordindien begegnet. Zum einen hatte ich das Glück, in der Hebammenkaste viele Rituale rund um Schwangerschaft, Geburt und Säuglingspflege kennenzulernen. Zum andern war ich wie erwähnt Schülerin des nepalesischen Tantra-Meisters Trayaloka Rana, der mich in die tiefere Bedeutung des solaren, lunaren und des Erdatems in der Prāṇāyāma-Atemkunst einführte. In der alten indischen Atemkunst erfahren wir von einem solar betonten und einem lunar betonten Atem, ein Thema, das inzwischen auch im Westen bekannt geworden ist. Man spricht bei uns von der „Atempolarität". Doch genau das verleitet zu dualistischem Denken. Es gibt nicht nur den solaren und lunaren Atem, sondern auch den Erdatem mit seinem irdischen und kosmischen Aspekt. Er durchdringt alles Lebendige. Die Erde bringt atmende Wesen hervor. Sie steht für den Schöpfungsatem, der die Geschöpfe inkarniert, das heißt durch Gebären sichtbar macht. Der irdische Atemaspekt ist die physische Lungen- und Zellatmung.

3.1 Das lunare und solare Atemprinzip

Schauen wir uns das näher an:

Die Sonne steht für die Zeugungskraft, die sich in der Dynamik des starken Ausatmens widerspiegelt. Der solare Atem ist ausatembetont, während der Einatemvorgang entspannt geschieht, indem so viel Luft in die Lungen „fällt", wie gerade nötig ist. Das kräftige Ausatmen streckt den Menschen und spannt ihn zwischen Himmel und Erde auf. Das spiegelt sich auch in der Natur wider, indem in der sonnenreichen Zeit des Jahres das Längenwachstum der Lebewesen dominiert.

Abb. 2 Das solare Atemprinzip

Der Mond steht für die Dynamik des Wachsens und der Fruchtbarkeit, wozu Wasser nötig ist. Das spiegelt sich in der Dynamik des starken Einatmens wider, denn im Einatemvorgang werden Nährstoffe (Sauerstoff, Nahrung) aufgenommen, damit das Leben gedeihen kann. Der Ausatemvorgang ist dagegen entspannt, gelassen. Im Mondlicht dominiert das Breitenwachstum.

Abb. 3 Das lunare Atemprinzip

Es gibt also zwei Arten, richtig zu atmen, je nachdem, ob ein Mensch lunar oder solar betont ist:

Solar: Ein – AUS

Lunar: EIN – Aus

Beide atmen ein und aus, aber die Betonung ist verschieden. Hinter der Betonung verbergen sich viele Potenziale, auf die ich noch zu sprechen komme. Sie bestimmen die Körperbewegung, das Essverhalten, die Energetik des Selbstausdrucks und die Art und Weise, wie man sich selbst verwirklicht. Es gibt eben nicht DAS Erfolgsrezept.

Die Atempolarität wird durch die Lichtverhältnisse von Sonne und Mond zum Zeitpunkt der Geburt berechnet. Das bedeutet, dass der Sonnenstand gemäß der Jahreszeit das Maß der solaren Atm-menergie bestimmt, während die Mondphasen das Maß der lunaren Atemenergie bestimmen. In der Regel gibt es eine unterschiedliche Gewichtung. Sonnenhöchststand (21.Juni) und Vollmond stehen für die maximale solare bzw. lunare Lichtkraft und alle anderen Sonnenstände bzw. Mondphasen werden prozentual daran gemessen.

Ist klar, ob man ein lunar betonter oder solar betonter Mensch ist, findet man seinen Atem- und Lebensrhythmus. Der nächste Schritt führt aus der Polarität in die Synthese. Das war das große Ziel des altehrwürdigen Prāṇāyāma, indem die beiden Gegensätze mit dem Erdatem verbunden wurden. Die alten indischen Weisen erkannten, dass im Erdatem durchaus nicht nur der Aspekt der Inkarnation ruht, sondern der des Unsterblichen, des ewig währenden Schöpfungsprinzips, das zwischen sichtbaren und unsichtbaren Seinsformen wechselt, ja, atmet. Das bedeutet, dass es eine Instanz, nämlich den göttlichen Schöpfungsatem gibt, in den alle Gegensätze eingehen, so auch der solare und lunare Atem.

Ziel aller spirituellen Schulungen, die auf dem tiefen und weiten Atem aufbauen, war und ist das Erlebnis der Einheit in der Dualität und der Dualität im Einssein. Das selbst zu erfahren, ist das höchste Ziel im Leben. Dazu muss man inkarniert sein, Körper und Bewusstsein besitzen. Der Körper ist den Gesetzen der Dualität unterworfen, er manifestiert sich und zerfällt wieder zu Staub, wenn das Lebensprinzip aus ihm gewichen ist. Das Lebensprinzip überlebt allen Wandel und kann durch das Bewusstsein erfahren werden. Dazu wendet man es nach innen, wo es dank überlieferter Atem- und Meditationsmethoden immer stiller wird, bis eines Tages die imaginäre Wand zwischen der phänomenalen Welt und dem Wahren Wesen (dem unsterblichen Schöpfungsfunken) durchbrochen wird. Der Weg zur Erleuchtung, wie der „Durchbruch“ genannt wird, ist von der Atemtiefe und Atemweite und vom Einswerden mit seinem Atem geprägt. Eine Erweiterung des Bewusstseins ohne gleichzeitige Erweiterung des Atems ist nicht möglich. Das ist eine uralte Erkenntnis und darum bauen alle seriösen Bewusstseinsschulungen auf der Vertiefung und Erweiterung der Atmung auf. Wer in der Meditation seine volle Aufmerksamkeit auf die Atmung lenkt, erlebt, was die Beruhigung des Geistes bedeutet. Es ist kein Platz mehr für kreisende, schwirrende, quälende Gedanken. Sie werden buchstäblich weggeatmet. Auf diese Weise wird gerade zu Beginn einer spirituellen Schulung der Weg zu innerer Ruhe geebnet.

Obgleich es nicht mein Ansinnen ist, die indische Prāṇāyāma-Lehre darzulegen, müssen wir aber, um das Thema des Mutteratems zu erfassen, dieses Weisheitsbuch hin und wieder ein wenig zu Rate ziehen. Es liefert nun einmal als einziges systematisches „Buch der Atemkunst“ ideale Übungen für eine Bewusstseinserweiterung. Westliche Mystiker waren allesamt Autodidakten und ständig in der Gefahr, als vermeintliche „Ketzer“ von der Inquisition erfasst zu werden. So sind zwar ihre Erkenntnisse überliefert, aber nicht ihr innerer Weg dahin. Wir erfahren nur, dass sie beteten.

Anders in Asien. Die Atemkunst diente als Grundlage aller spirituellen Schulungswege. Ihr lag die Erkenntnis zugrunde, dass die Atemqualität eines Menschen seinen Bewusstseinsstand ausdrückt und dass Bewusstsein nur über den Atem erweitert werden kann. Ist dieses synonyme Verhältnis Atem = Bewusstsein klar, lassen sich alle weiteren Zusammenhänge leichter erschließen und der große Maßstab der Naturgesetze auf den kleinen Maßstab des Menschseins übertragen.

3.2. Die Leihgabe des Mutteratems

Wenn wir uns von etwas lösen wollen oder sollen, muss zuerst klar sein, worum es geht. Nach dem Resonanzprinzip von Seele und Körper beginnt der Inkarnationsprozess unsichtbar mit der Konzeption. Wollen wir es ganzheitlich und von höchster Warte wie die Indotibeter aus betrachten, beginnt die Inkarnation mit dem Entschluss der Seele, sich wieder zu inkarnieren. Sie sucht sich das geeignete „Gefäß“ in Gestalt eines Elternpaares aus und manifestiert sich im Augenblick der Zeugung. Die zentrale Erkenntnis, die die alten Weisheitslehren Indiens und Tibets dazu vermitteln, lautet: Wir sind nicht Kinder unserer Eltern. Das klingt paradox. Doch wie alles Paradoxe, das besonders die Meister asiatischer Schulungswege liebten, um den Intellekt zu verwirren und auszuschalten, steht auch hinter diesem Paradoxon eine mehrschichtige Bedeutung. Natürlich definiert jeder seine physische Existenz durch ein Elternpaar. Aber es gibt eine Ebene, von der aus betrachtet wir nicht das Produkt eines Elternpaares sind, sondern freie Seelen, die sich mal, wie der Atomphysiker David Pribram es treffend ausdrückte, in der „enthüllten Seinsform" und mal in der „verhüllten Seinsform" befinden. Es ist eines jeden Menschen eigene Wahl, sich zu einer Zeit, an einem Ort und in Resonanz mit einem Elternpaar zu inkarnieren. Was auch immer aus dieser Inkarnation wird oder nicht wird, ist letztendlich das eigene Karma. Karma ist mehr als Schicksal. Karma heißt wörtlich „Tat", nämlich die Tat der Inkarnation auf dieser Erde mit ihren kosmischen und irdischen Naturgesetzen. Dazu gehört auch das Gesetz von Ursache und Wirkung, das Hineingeborensein in ein bestimmtes Familienfeld und die Eigenverantwortung für die Selbstverwirklichung. Für die Betrachtung der Leihgabe „Mutteratem" ist mir wichtig, verschiedene Betrachtungsstandorte zu vermitteln, denn es geht mitnichten um Schuldzuweisung oder Beurteilung. Egal, wie die Mutter war, welches Leben sie führte, welches Bewusstsein sie über den Atem an das Kind vermittelte, ist die Lebensaufgabe eines jeden von uns immer zweifach: Die volle Eigenverantwortung für die Selbstverwirklichung zu übernehmen und sich von Verhaftungen aller Art zu lösen.

Hat die Inkarnation stattgefunden, ist der werdende Mensch bei einer Frau zu Gast. Im Schutz des Mutterleibes findet in der Schwangerschaft die Entwicklung des Fötus statt. Dazu steht ihm alles zur Verfügung. Mit allen Nährstoffen wird das Kind durch die Plazenta versorgt. Da es im Fruchtwasser schwebt, buchstäblich noch keinen festen Boden unter den Füßen betreten hat, passt es sich nicht allein den Körperbewegungen der Mutter an. Es übernimmt alle rhythmischen Bewegungen des mütterlichen Körpers: den Puls, den Rhythmus des Kreislaufs und den Atemrhythmus. Alle diese physischen Informationen sind unlösbar mit emotional-mentalen und spirituellen Informationen gekoppelt. So wie die Mutter denkt, fühlt und handelt, atmet sie. Ihr Bewusstsein drückt sich in ihrem Atem aus und das Kind folgt ihr vorurteilsfrei. Es ist noch ein unbeschriebenes Blatt und übernimmt, was von der Mutter physisch-psychisch-mental gesendet wird. Hierbei geht es nicht um momentane Gedanken und Befindlichkeiten, sondern um Muster. Sie entstehen durch Wiederholungen. So gibt es gemäß dem Bewusstsein der Mutter auch ein Atemmuster oder besser: entweder einen solar oder einen lunar betonten Atemrhythmus. Hinzu kommen verschiedene Grade der Atemqualität. Atmet die Mutter tief und weit? Atmet sie ständig flach oder hektisch? Hat die Mutter viele Ängste auszustehen, wird sie in der Schwangerschaft traumatisiert oder leidet sie ständig an Depressionen, so entstehen starke Arrhythmien im Atmen. Will die Mutter das Kind, hat sie Humor und ist im Kern lebensbejahend, erfolgt daraus eine viel deutlichere Zwerchfellbewegung, durch Lachen ein tiefer und rhythmischer Atem und auch der überträgt sich auf das Kind. Oder lehnt die Mutter das Kind ab, obwohl sie es austrägt?

Über den Atem der Mutter übernehmen wir menschliche Qualitäten ebenso wie Untugenden, Fähigkeiten, Ängste und Verhaltensweisen. Das alles ist zunächst einmal vorurteilsfrei zu betrachten. Es hat seinen Sinn, dass wir über die Mutter in das systemische Familienfeld eingebunden werden und daher vorhandene Anlagen und Muster im Denken, Fühlen und Handeln auf das Kind übergehen. Fassen wir dies in das Bild eines Energiemusters, so können wir von einer Blueprint-Prägung sprechen, mit der wir die sichtbare Welt betreten. In der Chinesischen Medizin wird diese Prägung mit der Ur-Lebenskraft, dem Nieren-Jing verglichen. Sie sagt aus, WAS wir von Mutter und Familienfeld mitbekommen haben, um lebensfähig zu sein. In unserer Sprache sprechen wir von Genen bzw. von genetischen Anlagen oder ererbten Gaben, Qualitäten, Fähigkeiten und Talenten. Sie liegen aber in Rohform vor.

Durch die Geburt tritt der neue Mensch in Erscheinung. Noch eine kleine Weile besteht über die Nabelschnur die körperliche Verbindung Mutter – Kind, dann wird sie getrennt. Die erste physische selbstständige Tat des Neugeborenen ist das Atmen, genauer das Einatmen. Ab diesem Moment atmet sich das Kind förmlich in das Leben, in die neue Inkarnation hinein. Da das Atemsystem erst mit der Geburt in Kraft tritt, muss es trainiert werden. So beginnt das Neugeborene mit einer hohen Atemfrequenz, die vollkommen verschieden vom Mutteratem während der Schwangerschaft ist. Hier ein paar Daten:

- Das Neugeborene atmet etwa 40 – 45 Mal pro Minute.
- Der Säugling atmet etwa 35 – 40 Mal pro Minute.
- Das Kleinkind atmet etwa 20 – 30 Mal pro Minute.
- Das Kind (Schulkind) atmet etwa 16 – 25 Mal pro Minute.
- Der Jugendliche atmet etwa 20 – 22 Mal pro Minute.
- Der Erwachsene atmet etwa 12 – 18 Mal pro Minute.
- Der Sterbende atmet in der zweite und dritte Sterbephase etwa 2 – 8 Mal pro Minute.

Diese Angaben sind nur ungefähre Werte, denn ab dem Jugendalter hängt die Atemfrequenz deutlich davon ab, ob jemand die Atmung schult oder nicht. Das natürliche Bedürfnis von Kindern und Jugend-

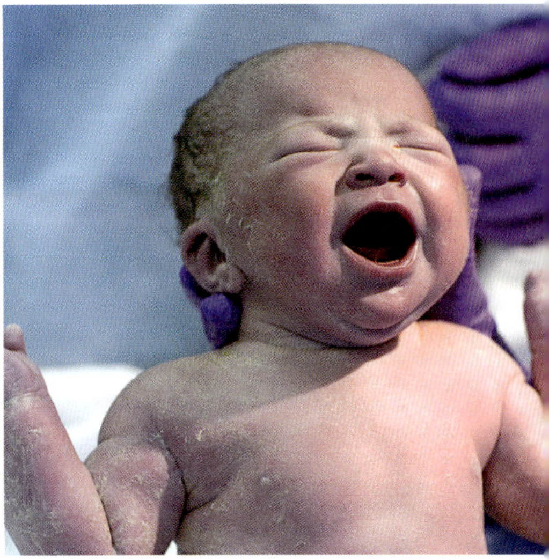

Abb. 4 Der erste Atemzug

lichen, sich sportlich zu betätigen, trägt dazu bei, die Atmung zu vertiefen und das Atemvolumen zu vergrößern. Der instinktive Wunsch, dies zu erreichen, kann sich aber auch ganz anders zeigen, so wie ich es selbst mit 16 Jahren erlebte: durch Singen und eine Begeisterung für den Prāṇāyāma-Yoga. Der Erweiterung der Atemqualität folgt durch Singen, Musizieren, Tanzen, Sport oder Atemübungen die Veränderung der Pulsfrequenz. Sie wird langsamer, proportional zur Atmungsqualität.

Was wir den Angaben entnehmen können, ist eine natürliche Verlangsamung der Atemfrequenz mit fortschreitendem Alter. Das Kind durchläuft verschiedene Entwicklungsphasen, bei denen Atmung und Bewusstsein immer mehr als Einheit merkbar werden – natürlich nur für den, die oder der diese Einheit erkennt. Nachdem das Kind rein physisch atmen gelernt hat, beruhigt sich die Atemfrequenz. Nun tritt mehr und mehr die Sicherheit leben zu können in den Vordergrund. Schauen wir uns das aus der Sicht der Chinesischen Medizin an, die wie immer einfache Bilder bereit hält und ganzheitlich denkt:

Indem wir beginnen, unser eigenes Leben zu leben, kommen jene Kräfte in Gang, die mit der Entwicklung von Selbstständigkeit, Eigenautorität und Eigenverantwortung kurz umschrieben seien. Dazu nutzen wir eine Energie, die die alten Chinesen in der Milz erkannten und nannten sie die „postnatale schöpferische Kraft“. Das bedeutet, dass sich über das lymphatische, immunstarke, blutfilternde und blutbildende Organ der Milz entscheidet, WIE wir das ins Werk setzen, was wir er-

Abb. 5 Entwicklungsstadien als Kind

erbt haben. Die Milzenergie steuert die zukunftsorientierte schöpferische Kraft. Durch ihre Nähe zur Leber, deren Thema das Erwerben von Autorität ist, entsteht das Potenzial der schöpferischen Eigenautorität. Dazu durchlaufen wir einige naturgegebene Entwicklungsstadien wie die Phase des Nein-Sagens als Kleinkind, Kinderkrankheiten, Einschulung und Pubertät. In diesen Entwicklungsphasen geht es um die Stärkung der Ich-Kraft und der Immunkraft, die zwischen Selbst und Fremd unterscheidet. Je weniger in diese natürlichen Gesetzmäßigkeiten der Entwicklung von Körper, Geist und Seele eingegriffen wird, umso leichter lösen wir uns vom Atem-Bewusstseinsmuster unserer Mutter. Schritte in die Eigenständigkeit sind Bewusstseinsstufen, durch die wir unseren eigenen Atem entwickeln. Wenn wir vom „Eigensinn" oder der „Trotzphase" eines Kindes sprechen, fassen wir das viel zu eng in eine emotionale Verhaltensweise oder psychische Disposition wie zum Beispiel in das cholerische Temperament. Der Eigensinn, der Wunsch, dies und jenes alleine auszuprobieren, ist Ausdruck von Bewusstsein und entsprechend atmet das Kind auch anders.

Hier findet nun ein wichtiger Wechsel der Betrachtungsebene statt, indem wir nicht mehr so sehr auf das schauen, was uns einst an die Mutter gebunden hat und was wir von der Mutter übernahmen, sondern was wir selbst zu tun haben, um ein selbstständiger Mensch zu werden. Welche Strategien ergreifen wir, um erwachsen zu werden? Wie verwirklichen wir uns? Was machen wir aus dem physisch-psychisch-mental-spirituellen Erbe, das wir von Mutter, Vater, Familie und Ahnen als Blueprint mitbekommen haben? Im eigenen Leben geht es wesentlich mehr um das WIE als um das WAS der Selbstverwirklichung. Die Art und Weise, wie wir Talente, Gaben, Fähigkeiten und Qualitäten verwirklichen, obliegt unserem eigenen Atem = Bewusstsein. Dafür können wir im Falle negativer Eigenschaften nur sehr bedingt Mutter und systemisches Feld verantwortlich machen. Mag sein, dass negative Prägungen in der pränatalen Phase, Unterdrückungen im Kindesalter stattfinden. Doch indem wir inkarniert sind, findet auch ein Ablösungsprozess von der Mutter und dem familiensystemischen Feld insofern statt, als wir ein eigenes bewusstes Sein entwickeln müssen, um lebensfähig zu sein. Die Lösung vom Mutteratem = Mutterbewusstsein ist hierbei von essenzieller Bedeutung. Seinen eigenen Atem zu finden und zu entwickeln heißt, eigene Lebenserfahrungen mit voller Verantwortung zu durchlaufen, und zwar ohne Schuldzuweisung an Mutter und Familie.

Diese Zusammenhänge zeigten sich in meiner Praxisarbeit darin, dass Patienten zu mir kamen, die durch familiensystemische Arbeit in die Versöhnung mit Mutter, Vater und Familie gelangt waren, aber dennoch nicht richtig gesund wurden und/oder in ihrem Beruf nicht den Erfolg hatten, der ihrer Leistung adäquat gewesen wäre. Ich richtete den Fokus auf die Atemqualität der Patienten und erfuhr, welches Menschen- und Weltbild sie in sich trugen, was ihr innerer, spiritueller Halt im Leben bedeutete, welche Werte sie beherzigten und vieles mehr, das ihr Bewusstsein ausdrückte. Darunter waren auch viele Menschen, die regelmäßig meditieren, als Heiler, Therapeuten, Künstler tätig sind und unglücklich darüber waren, dass es in ihrem Leben nicht richtig voran ging. Ich betone, es handelte sich im Wesentlichen um Menschen, die tatsächlich an sich gearbeitet haben und viel Versöhnungsarbeit geleistet und damit ihr Bewusstsein schon in gewissem Maße erweitert hatten. Und doch blieb der verdiente Erfolg im Leben aus, fehlte oft der Sinn im Leben und war eine Blockade, ein nicht greifbares Hindernis zu spüren, das sich trotz aller psychologischen Hilfen nicht ausräumen ließ. Manche gerieten in das, was man in spirituellen Schulungswegen eine „spirituelle Depression" nennt. Die Hauptursache war der immer noch aktive Mutteratem.

Die Aufstellungsarbeit zum Thema „Lösung vom Mutteratem – Bewusstwerden des Eigenatems" kann zunächst einmal genutzt werden, um bei sich selbst zu überprüfen, ob und wie weit man seinen eigenen Atem bereits lebt. Ferner ist sie für jene interessant, die sich mehr Erfolg, Kreativität und Entwicklungspotenzial in ihrem persönlichen und beruflichen Leben wünschen, indem sie sozusagen „Reste des Mutteratems" ablösen und ihren eigenen Atem noch verstärken. Der weitaus größte Einsatz ist bei all jenen notwendig, die unbewusst noch ganz den Mutteratem leben und den Schritt in die Eigenständigkeit trotz aller Therapiemaßnahmen nicht vollziehen. Das gilt auch für die Patienten, die bereits an ihren Übernahmen aus dem familiensystemischen Feld gearbeitet haben und dennoch keine wirkliche Befreiung spüren. In manchen Aufstellungen wird der Mutteratem unmerklich losgelassen und jemand geht mit neuem Elan seinen Lebensweg. Dann waren die gängigen Parameter der Aufstellungsarbeit wirksam. Reicht das nicht aus, bietet die spezielle Aufstellung der Lösung vom Mutteratem einen effizienten Zusatz, der nicht nur jedem „Aufsteller" einleuchtet, sondern auch dazu ermuntert, generell mehr auf die Atmung zu achten und allmählich in der systemischen Arbeit Atem und Bewusstsein als Einheit wahrzunehmen.

Nun mag man sich fragen:

1. Worin zeigt sich denn der eigene Atem?
2. Welche Eigenschaften hat er?
3. Wie erlangt man ihn?

Die ersten beiden Fragen lassen sich schon an dieser Stelle beantworten. Der eigene Atem ist gemäß der körperlich-geistigen „Ausrüstung" tief und weit, da sich das Zwerchfell in alle Richtungen ausdehnen kann. Der Atem strömt ohne jede Verspannung ein und aus. Das wichtigste Merkmal ist die freie Zwerchfelltätigkeit. Wenn man allein schon auf diese das Augenmerk richtet, fällt auf, dass fast jeder westliche Mensch unter Zwerchfellverspannungen leidet. Leider ist das auch schon bei Kindern zu beobachten. Als Folge davon entstehen die typischen Symptome wie Kurzatmigkeit, arrhythmisches und flaches Atmen, ganz zu schweigen von der chronischen Verschleimung des Respirationstrakts und der Nebenhöhlen. Psychisch-mental äußert sich das heute in enormer Stressanfälligkeit und der Wahnidee, das Leben müsse sich dauernd „am Limit" abspielen.

Diese Verhaltensweisen unserer Zeit, die Ausnahme in allen möglichen Lebensbereichen zur Regel zu machen und die Naturgesetze aus den Angeln zu heben, können wir nicht dem Mutteratem anlasten. Das ist unsere eigene Sache als erwachsener Mensch. Wenn jedoch das Anhaften am Mutteratem mit dem persönlichen Workaholic-Bewusstsein zusammenfällt, tun sich Tür und Tor für alle komplizierten und destruktiven Krankheiten auf, denen wir heute allenthalben begegnen und die wir zu behandeln haben.

Tragen wir noch ein paar Charakteristika des Mutteratems zusammen, um zu begreifen, wovon wir uns zu lösen haben.

Der Mutteratem ist das Natürlichste von der Welt. Solange das Kind bei der Mutter im Uterus zu Gast ist, wird es rundum versorgt. Dadurch wird das erste Grundbedürfnis eines jeden Menschen erfüllt, nämlich zu wachsen. Von der Auffächerung der Keimblätter bis zur Ausgestaltung des Fötus liefert die universelle Schöpferkraft alle „Bausteine" und die Mutter alle physischen Voraussetzungen für das heranreifende Kind. Eines der sich besonders schnell entwickelnden Kommunikationsorgane sind die Ohren. Das Kind hört die Mutter lange, ehe es sie postnatal sehen kann. Das Kind atmet noch nicht selbstständig Sauerstoff ein und Kohlensäure aus, was später seine essenzielle Lebensfähigkeit ausmacht. Es empfängt den Atem indirekt und lernt den Atemrhythmus schlechthin und im Besonderen den der Mutter, denn sie atmet real ein und aus. Damit diese Atemrhythmusübertragung stattfinden kann, muss das Hörorgan entwickelt sein. Außer dem Ein- und Ausatemrhythmus leiht die Mutter auch ihre Stimme dem Kind, über die es schon feinste Nuancen von Befindlichkeiten nach Ausbildung der Ohren spüren und hören kann. Die Stimme kann nur durch das Ausatmen hörbar werden, durch Sprechen oder Singen. Sprechen und Singen basieren auf Rhythmus. Was wir als „Muttersprache" bezeichnen, erlernt der Fötus bereits im Mutterleib, denn er hört das Sprechen. Aber er versteht noch nicht den Wortsinn, sondern schwingt entsprechend der emotionalen und mentalen Botschaft.

Die menschliche Stimme verfügt von allen Lebewesen dieser Erde über die meisten Ausdrucksmöglichkeiten, um Denken und Fühlen hörbar zu machen. Gedanken und Stimmgebung, Emotionen und Stimmgebung bilden immer eine Einheit. Über das Ohr dringt der Klang der Außenwelt in den Menschen hinein. Der kürzeste Abstand zwischen außen und innen ist im Mutterleib, wenn die Stimme der Mutter zwar nach außen dringt, sich aber gleichzeitig nach innen über die wässrigen Anteile im Uterus auf den Fötus überträgt. Hören und Fühlen ist eine weitere enge Verbindung, die sich später im voll ausgebildeten Gehirn durch die Nähe von Hörzone und Fühlzone ausdrückt.

Die Mutter leiht dem Kind also Atemrhythmus, Sprachrhythmus und Liedrhythmus, wenn sie ihrem Instinkt folgt, dass Singen sehr gesund für sie selbst und das Kind ist. Durch Singen vertieft und erweitert sich automatisch die Atmung. Auch Ängste werden durch Singen vertrieben, weil die Erzeugung von Singtönen und Melodie eine aufrechte Haltung, erhobenes Kinn und Weitung des Brustkorbs bedingen. Angst kommt von Enge und Enge kann allenfalls eine heisere Fistelstimme hervorbringen, aber keine Singstimme. Die Sangesfreude während der Schwangerschaft zu fördern ist noch wichtiger als Schwangerschaftsgymnastik, denn wenn die Mutter singt, sitzt der Atem auf natürliche Weise bis zur Geburt im Körperschwerpunkt des Beckens. Physiologisch gesehen gibt es keine bessere Massage der Organe als durch rhythmische Zwerchfellbewegung beim Lachen und Singen. Das Zwerchfell in der Körpermitte bewegt oben Herz und Lungen und unten alle Verdauungs- und Ausscheidungsorgane. Mit diesem Zwerchfell bewegen sich die beiden anderen „Zwerchfelle“:

Die Erkenntnisse der sich synchron bei der Atmung bewegenden drei Zwerchfelle verdanken wir den Forschungen und vor allem Erfahrungen der viszeralen Osteopathie. Leider fließen diese nützlichen Erkenntnisse immer noch nicht über die Grenze der Osteopathie und Kranio-Sakraltherapie hinaus in alle anderen Heilmethoden ein. Für das Verständnis des Mutteratems, seine Auswirkungen auf das werdende Kind und für die Lösung vom Mutteratem sind die Erkenntnisse der Osteopathie von unschätzbarem Wert.

Abb. 6 gibt Aufschluss darüber, wie wichtig gerade für die Schwangere eine rege Rundum-Zwerchfellaktivität ist. Synchron zur Lungenatmung bewegen sich das obere und untere Zwerchfell. Es leuchtet ein, dass die rhythmische Atembewegung besonders für das Beckenzwerchfell während der Schwangerschaft von essenzieller Bedeutung ist. Sie massiert nicht allein die Beckenorgane der Mutter, sie hebt und senkt auch den Uterus mit dem Kind und sorgt auf diese Weise für eine optimale Durchblutung und Rhythmusübertragung. Da alles im Leben rhythmisch und zyklisch verläuft, liegt es an uns, dies in Körper- und Lebensfunktionen wahrzunehmen. Durch den Mutteratem werden wir daher nicht nur an die individuelle

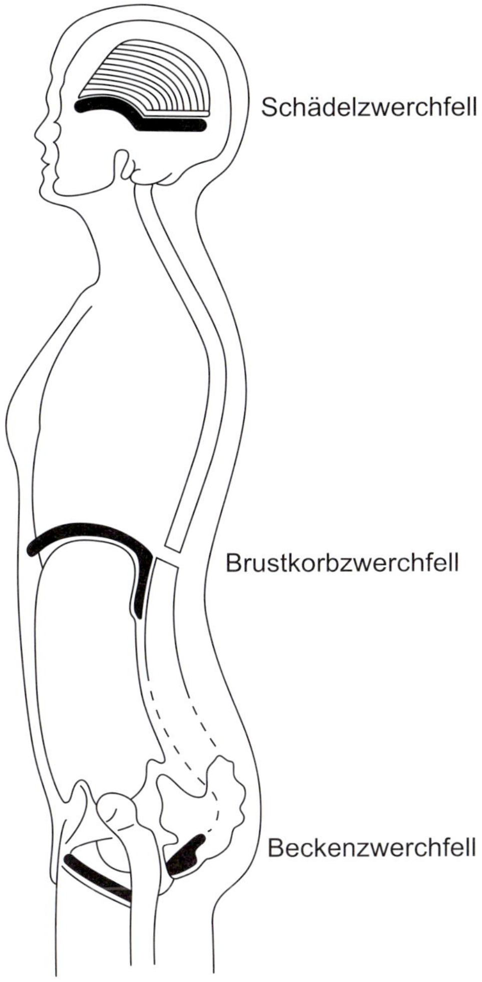

Abb. 6 Die drei Zwerchfelle

Mutter gebunden, wir sind auch über unsere Mutter in das große Ganze der Natur, der Mutter Erde und in deren Atem eingebunden. Atem ist Leben und Leben ist rhythmisch und zyklisch angelegt. Daher ist auch nichts am Mutteratem zu kritisieren oder die eigene Lebensunfähigkeit dem zu flachen, schwachen, hektischen Atem der Mutter anzulasten. Das wäre genauso absurd, wie die Schwerkraft der Erde dafür verantwortlich zu machen, wenn ich als Kleinkind schlecht laufen lerne. Leben ist immer Überwindung von Herausforderungen und die erleben wir, sobald wir den Mutterleib verlassen. Verständlich, dass wir uns manchmal in den schützenden Raum des Uterus zurücksehnen, weil die Welt draußen manchmal hart, schwierig und mühselig erscheint. Doch es ist nun einmal in der Natur folgendes Gesetz gültig: aus Eins wird Zwei, aus Zwei wird Drei und aus der Drei geht die Vielheit hervor. Jeder von uns geht aus der Zweiheit von Mutter und Vater hervor und kann potenziell selbst ein Vater oder eine Mutter werden.

Der Mutteratem ist wie der Erdatem im großen Maßstab ein Vorbild, eine Anleitung und eine Leihgabe. Sich davon durch Selbstständigkeit und Eigenautorität zu befreien, heißt erwachsen zu werden und gebundene Energie in freie zu verwandeln. Ein Freigeist lebt immer seinen eigenen Atem. Es steht uns an, der Mutter für ihre Leihgabe zu danken, dass sie uns ein paar Lektionen über das rhythmische Atmen und Rhythmik des Lebens in der Schwangerschaft erteilte und uns nährte. Wenn wir geboren sind, gibt sie uns für eine Weile noch Wegzehrung in Gestalt der Muttermilch mit auf den Weg in die Selbstständigkeit. Doch irgendwann ist ihr Soll erfüllt, wir nabeln uns auch im geistigen Sinne von ihr ab und leben unser eigenes Leben. Dieser Bewusstseinsprozess der Reife ist eng mit unserem Atem verbunden.

Interessant ist, dass die Lösung vom Mutteratem und Verwirklichung des eigenen Atems unabhängig davon ist, ob die Mutter ihr Kind emotional festhält oder nicht. Es geht ausschließlich um den eigenen Anteil an der Selbstverwirklichung und Festigung des eigenen Atems. In der Praxis erleben wir nämlich Menschen, die ein überaus lockeres, entspanntes Verhältnis zur Mutter haben, die Mutter selber eigenen Interessen folgt und ihre Kinder in die Welt entlässt, aber Tochter oder Sohn am Mutteratem festhalten und mit ihrem Leben nicht zurechtkommen. Dann begegnen uns Menschen, die unter einer dominanten und possessiven Mutter litten und dennoch in der Lage sind, den Mutteratem loszulassen und ihren Atem neu zu justieren.

In der familiensystemischen Arbeit steht nach meiner Erfahrung zu häufig die Mutter oder der Vater als „Problemfeld“ dem Klienten gegenüber. Sicher ist Versöhnungsarbeit immer notwendig. Aber es gilt auch daran zu arbeiten: Was ist mein Pflichtanteil in meiner Selbstverwirklichung? Wenn wir Vater und Mutter mal beiseitelassen, was trage ich dann zur Entwicklung von Eigenautorität, Verantwortungsgefühl und Selbstständigkeit bei? In welchen Situationen flüchte ich mich in die Leihgabe des Mutteratems, weil die Eigeninitiative fehlt, weil mir die eigene Atemkraft fehlt? Die Antwort ist: Alles dies muss aus eigener Kraft erwachsen, aus dem eigenen Atem und Bewusstsein. Das ist für manche Klienten zu mühsam, weshalb sie zum Beispiel lieber ein bisschen krank bleiben. Das Haften am Mutteratem bringt indes keine Entwicklung, sondern hält einen Persönlichkeitsanteil infantil.

Ich wurde oft gefragt, ob die Mutter im Geburtsstress dem Kind zu viel Stress und hektischen Atem überträgt.

Die Geburt ist für Mutter und Kind ein Herkulesakt, eine Ausnahmesituation und Einforderung physischer Kräfte. Die Wehen sind schmerzhaft und gehören zum Geburtsvorgang. Der Mutteratem ist jedoch nicht so sehr vom Atmen während der Geburt geprägt als vielmehr vom Bewusstsein im Sinne eines roten Fadens, der sich durch die Schwangerschaft zieht. An den Mutteratem ist beispielsweise die psychisch-mentale Einstellung der Mutter gebunden. Ist das Kind willkommen oder unwillkommen? Passt die Frau sich in ihrem Lebensrhythmus der Schwangerschaft an oder rast sie als Workaholic weiter von einem Termin zum nächsten? Gewiss, die Schwangerschaft ist keine Krankheit und muss nicht behandelt werden. Aber wie bei der Menstruation befindet sich auch in der Schwangerschaft die Frau in einem mehr rezeptiven Bewusstseinszustand und sollte sich mehr um sich als um andere kümmern. Sie braucht Zeit, den Kontakt zu dem Gast in ihrem Körper aufzunehmen. Sie ist nicht mehr allein, da hört und fühlt eine oder einer mit!

Der Mutteratem hat somit eine physische, naturgegebene Komponente, die nach den Gesetzmäßigkeiten einer Schwangerschaft abläuft. Sie hat aber auch eine individuelle geistige Komponente, die das WIE der Schwangerschaftsprozesse beeinflusst. Beim individuellen Aspekt des Mutteratems spielt es durchaus eine Rolle, ob wir den nervösen, hysterischen Atem von unserer Mutter noch in uns tragen oder eine gewisse Gelassenheit schon mit auf die Welt bringen, weil die Mutter vielleicht meditierte, seelisch im Gleichgewicht oder sangesfreudig war. Es ist eben dieser persönlich gefärbte Mutteratem, von dem wir uns lösen müssen, weil daran ein Bewusstsein haftet. In welchem Grade auch immer der Mutteratem negativ oder positiv im Wesen gewesen sein mag, es ist unsere Aufgabe, uns davon zu lösen und den Mutteratem bei der Mutter zu lassen, am besten ohne jede Wertung, und sich ausschließlich der Erweckung des eigenen Atems zu widmen.

Da wir nicht – wie in der Atemkunst Asiens – bereits eine Tradition ausgebildet haben, wie man den Mutteratem überwindet, habe ich auf dem Fundament ihrer alten Erkenntnisse viele kreative Möglichkeiten für uns moderne Menschen ersonnen und erprobt. Die Methodik ist einfach und von jedem Therapeuten ohne viel Aufwand zu erlernen.

4

Hindernisse der Lösung vom Mutteratem

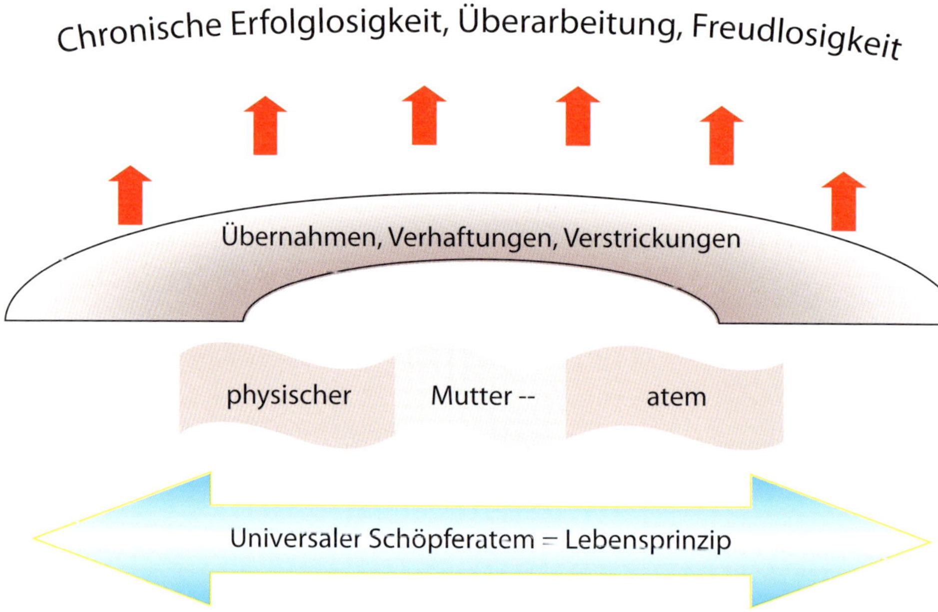

Abb. 7 Die Überlagerungen des Eigenatems bzw. Schöpferatems

Ich möchte gleich zu Beginn noch einmal betonen, dass es nicht um die Bewertung und Analysierung des Mutteratems geht, sondern nur um das Freiwerden und die Stabilisierung des Eigenatems, also des eigenen Bewusstseins, das an den universalen Schöpferatem angeschlossen ist. Abb. 7 soll dies verdeutlichen. Wir sehen hier verschiedene Überlagerungen des Eigenatems, die uns bei der Selbstverwirklichung behindern können. Mit der obersten Schicht werden wir durch Menschen konfrontiert, die fleißig, aber frustriert und unglücklich sind, weil ihnen der verdiente Erfolg versagt bleibt. Sie fühlen sich übersehen, nicht gebührend gewürdigt und minderwertig im Vergleich zu anderen, die alles vermeintlich besser können.

Die Ursache dafür finden wir in der zweiten Schicht, dem Resonanzraum des Familiensystems und Ahnenfeldes. Unerlöste Verstrickungen, Übernahmen und Verhaftungen wirken in das Leben des Klienten hinein. Diese Schicht muss unbedingt als Erstes bearbeitet werden und bedeutet für den Klienten familiensystemische Arbeit. Solange noch Unversöhnlichkeit und negative Resonanz aktiv ist, ist der Zugang zum Thema „vom Mutteratem zum Eigenatem“ verwehrt. Natürlich kann niemand alles perfekt in Harmonie bringen. Darum geht es auch gar nicht. Versöhnungsarbeit mit sich selbst und seinem systemischen Umfeld sind Vorbedingung, sich der Situation bewusst zu werden. Zum Beispiel: Ich habe die gleichen Krankheiten wie in der Mutter- oder Vaterlinie. Ich „bete“ die gleichen Glaubenssätze nach wie meine Eltern. Sich einer Übernahme oder Verhaftung innezuwerden, ist schon der erste Schritt in die Lösung. Ist hier schon eine innere Befriedung und Versöhnung in Entwicklung, kann man sich der dritten Schicht zuwenden, der Lösung vom Mutteratem. Wenn auch das geschehen ist, geht es an die eigentliche Zielaufgabe, den eigenen Schöpferatem zu befreien, zu stärken und zu stabilisieren – in der Zeichnung die unterste Schicht.

Die Tatsache der Überlagerungen zu durchschauen ist eine Sache. Die Frage bleibt, wie Überlagerungen zustande kommen, denn es gehören immer zwei Seiten zu einer Übernahme: einer, der es tut, und einer, der es mit sich machen lässt. Es gibt daher eine Reihe von Entscheidungsfreiheiten, die wir in Anspruch nehmen könnten oder die wir nicht wahrnehmen. Die wollen wir uns jetzt im Einzelnen anschauen:

Die arrogante Ignoranz, mit der wir Naturgesetze aus den Angeln heben und Gott spielen, baut etliche Hindernisse auf, nach der Geburt den Eigenatem zu entwickeln. Das größte Hindernis sind die frühzeitigen Impfungen, oft sogar Mehrfachimpfungen. Das Kind wird seiner ersten Möglichkeit beraubt, selbstständig und immunstark zwischen Selbst und Fremd unterscheiden zu lernen. Es kann dadurch nicht mehr auf natürliche Weise Schwellen überschreiten. Indem wir die Kinderkrankheiten abgeschafft haben bzw. alles versuchen, sie zu vermeiden, halten wir die Kinder infantil, geben dem Immunsystem die Botschaft: „Du kannst das nicht alleine, du bist zu schwach." Das erste Grundbedürfnis des Kindes, nämlich zu wachsen, wird abgebremst. Da aber Wachstum im Menschen angelegt ist, will das Kind wachsen und sucht Ersatzherausforderungen, wehrt sich gegen unsichtbare Feinde und wird überaktiv. Die Lösung vom Mutteratem ist ja keine intellektuelle Angelegenheit, sondern ein Naturgesetz. Wir können das Naturgesetz ignorieren, aber es waltet in uns, so auch in jedem Kind. Es kommt zu starken Spannungen zwischen dem natürlichen Drang zu wachsen und dem künstlich infantil gehaltenen Anteil im Bewusstsein des Kindes. Zweifellos kann der heranwachsende Mensch vieles kompensieren. Aber die wirklichen Impfschäden spielen sich, wie der indische Arzt Dr. Subraj Sharma in einem eindrucksvollen Vortrag in London sagte, auf der spirituellen Ebene ab.

Das zweite Grundbedürfnis des Vertrauens und der Beziehung Ich – Du (Mutter, Vater) wird erschüttert, wenn die Nein-Phase beim Kleinkind ausfällt. Das Kind merkt instinktiv, dass es durch sein Nein den Eltern wehtut, und vermeidet es daher. Das Fehlen der Nein-Phase ist zum Beispiel der Basiskonflikt von Multipler Sklerose. Das Kind opfert sich aus Liebe bzw. zu enger Bindung zu den Eltern auf, ein Ausdruck des karzinogenen Miasmas.

Indem das Kind Nein sagt, zieht es erstmals eine deutliche Grenze zwischen sich und dem Außen. Das ist das wichtigste

Zeichen eines intakten Immunsystems. Das Kind prüft in dieser Phase auch, wie weit es gehen kann, wann es bei Mutter und Vater die Grenze erreicht. Es erwartet unbewusst einen Widerstand. Das gegenseitige Kräftemessen ist vonseiten des Kleinkindes im Grunde ein Spiel mit den eigenen neu erwachten Fähigkeiten und zugleich ein wichtiger Lernprozess festzustellen, wo seine Grenzen sind. Die müssen ihm selbstverständlich die Erwachsenen setzen. Das Kind gewinnt Sicherheit, indem es einerseits Nein sagen kann und das auch wahrgenommen wird und indem es Grenzen andererseits respektieren lernt. Das ist ein gewaltiger Schritt in Richtung Eigenautorität und Selbstverantwortung – wenn auch noch nicht bewusst vollzogen. So seltsam es klingen mag, durch die Nein-Phase wird das Kind beziehungsfähig. Beziehung ist abhängig vom Bewusstsein eines Selbst und eines Gegenübers. Wo sich keine Eigenautorität entwickelt, verwischen sich die Grenzen zwischen Ich und Du/Wir und kann sich weder Beziehungsfähigkeit noch ein starker Eigenatem manifestieren. Der eigene Atem gibt einem die innigste Orientierung, zu sich selbst zu finden. Das Haften am Mutteratem führt zur Orientierungslosigkeit und im physischen wie übertragenen Sinne zur Immunschwäche.

In der Pubertät findet wieder eine Transformation statt und damit eine Chance, sich vom Mutteratem zu lösen. Hier finden die meisten harten Auseinandersetzungen statt, mit der sich Jugendliche gewaltsam vom Mutteratem instinktiv befreien wollen. Nur bringen diese Brüche keinen inneren Frieden, sondern bauen Schuldgefühle auf. Es würde schon vieles vereinfachen, wüssten die Pubertierenden etwas über den tieferen Sinn, ihren eigenen Atem jetzt zu entwickeln und sich dadurch ganz von selbst vom Mutteratem und dem Bewusstsein der Mutter zu lösen. Überhaupt wissen unsere Jugendlichen so gut wie nichts über die Bedeutung des Atems als Ausdruck des Bewusstseins. Nur in Ausnahmefällen findet eine Atemschulung statt, die schon den jungen Menschen lehrt, Konzentration und Lebenskraft, Halt und Lebenssinn durch den Atem zu gewinnen statt durch Pharmamedizin und Psychotherapie. Im Leistungssport gibt es Methoden des Mentaltrainings, die den „Poweratem" einbeziehen, aber ansonsten atmet man eben und wenn es Atmungsschwierigkeiten gibt, geht man zum Arzt. Wir Erwachsenen sind ziemlich nachlässig darin, unseren Kindern über materielle Werte hinaus einen spirituellen Halt zu bieten, der frei von Religionsphilosophien ist.

Über den Atem und seine Organe gelangen wir zum nächsten Punkt, der ein deutliches Hindernis sein kann, den Mutteratem loszulassen und seine eigene Atemkraft zu entwickeln. In der Ganzheitsmedizin, in die wir die chinesische Entsprechungslehre integriert haben, ist das Ausdrucksorgan des Atemsystems die Haut. Die Haut ist die „dritte Lunge" und die „dritte Niere", denn sie scheidet über Schweiß aus und atmet durch die Poren. Man stirbt über Atementzug der Lungen fast genauso schnell wie über Atementzug der Haut, nämlich in wenigen Minuten. Nun haben wir durch den Einsatz allopathischer Medikamentenwaffen nicht nur die Kinderkrankheiten weggeimpft, wir üben uns auch schon 200 Jahre darin, Hauterscheinungen zu unterdrücken, ja, überhaupt Ventilfunktionen des Organismus zu unterdrücken. Die Folge davon sind Atemwegserkrankungen, Asthma und Nierenschwäche, die in vielen chronischen Krankheiten entweder Haupt- oder Begleitsymptome darstellen.

Ein Treppenwitz der abendländischen Medizin ist, dass ausgerechnet die geniale westliche Heilkunst, die ohne Unterdrückungsmechanismen Körper, Geist und Seele zu heilen vermag, die Homöopathie, im Westen immer noch in Frage gestellt und das Heer der Geheilten seit Samuel Hahnemann einfach ignoriert wird. Stattdessen schlagen wir uns mit einem entsprechenden Heer selbstgemachter chronischer Krankheiten herum. So stehen wir heute vor der Tatsache, dass die meisten Menschen nicht mehr fiebern und schwitzen können. Stattdessen klagen sie über Kurzatmigkeit, Atemnot, sind ständig verschleimt und hüsteln, sind heiser und müde. Als Nächstes stellt sich Atemnot in den Zellen ein, und dies selbst bei Menschen, die sportlich aktiv sind oder beruflich tief atmen wie Redner, Sänger und Bläser. Wir haben es geschafft, durch generationenlange Unterdrückung harmloser Haut- und Erkältungssymptome den Lebensnerv, die Atmung, zu treffen. Smog in der Wetterlage, Elektrosmog durch zahllose technische Geräte im Lebensumfeld liefern weitere Einbußen der Verwertung von eingeatmetem Sauerstoff. Es ist eine Farce, dass bei so vielen Krankheiten eine Sauerstoffunterversorgung der Zellen vorliegt und wir damit bereits die letzte Instanz der Atmung erreicht haben. Besonders in der Krebstherapie wendet man viele Forschungsgelder auf, Medikamente zu finden, um die Zellatmung wieder anzuregen. In Krankheitsbildern wie Autoimmunschwäche und Allergien zeigt sich besonders deutlich die verhängnisvolle Verschmelzung von dem Haften am Mutteratem und Unterdrückungen. Unterdrückungsmechanismen gehen immer den komplizierten Weg, denn er bringt mehr Geld in der Pharmamedizin. Indem der Mensch versachlicht wird und der Fokus nur auf das Verschwinden von Krankheitssymptomen gerichtet ist, schwindet die Atemkraft und damit die Lebenskraft mehr und mehr aus uns modernen Menschen.

Ein weiteres Hindernis, seinen Eigenatem zu entwickeln und den Mutteratem loszulassen, ist der Unterschied der Atempolarität zwischen Mutter und Kind. Ist die Mutter beispielsweise solar betont, verhält sie sich auch – meist unbewusst – solar und überträgt ganz selbstverständlich alle Aspekte des solaren „Ausatemtyps“ auf das Kind. Mit dieser Prägung verlässt das Kind den Uterus und wird von den momentanen Lichtverhältnissen von Sonnenstand und Mondphase empfangen. Wenn nun das Kind einen Überhang an lunarer Atemenergie gewinnt, sich potenziell zu einem lunaren „Einatemtyp“ entwickeln kann, kommt es zu Konflikten und Missverständnissen. Mit dem Atemschwerpunkt ist ein Bewusstsein und Verhalten verbunden. Was der Mutter sinnvoll, richtig und natürlich erscheint, ist dem Kind instinktiv fremd, aber es passt sich dem Vorbild an. Die gleiche Problematik ist auch bei der lunar geprägten Mutter zu beobachten, die ein solares Kind gebärt. Weiß eine Mutter um die zwei richtigen Arten zu atmen, kann sie dem Kind den nötigen Freiraum gewähren und das Kind vollzieht seinen natürlichen Ablösungsprozess vom Mutteratem. Für die Entfaltung des Eigenatems ist unabdingbar, seinen naturgegebenen solaren oder lunaren Atemrhythmus mit allem, was daran gebunden ist, zu verwirklichen. Damit erklären und lösen sich erfahrungsgemäß schon viele Lebensprobleme.

Wie vielschichtig der Mutteratem ist, wird deutlich, wenn die Atemprägung gleich ist, Mutter und Kind also solar oder lunar sind. Auch das ist kein Freibrief, sich leichter vom Mutteratem lösen zu können, denn die Ausdrucksformen des lunaren, solaren oder wechselhaften Bewusstseins sind zahllos. Die Prägung kann sogar noch intensiver sein, wenn Mutter und Kind

Den bisher genannten Hindernissen einer natürlichen Lösung vom Mutteratem können sich zusätzlich psychisch-mentale Konflikte überlagern, die Mutter, Vater, Geschwister und Familienmitglieder betreffen. Zur Lösung dieser Verstrickungen hat sich die Familienaufstellung bewährt. Da ist zum Beispiel das Thema der „kalten Mutter“. Tochter oder Sohn wendet sich von ihr ab, will mit ihr vielleicht keinen Kontakt mehr. Leider ist das kein Freibrief, sich leichter vom Mutteratem zu lösen. Auch die „kalte Mutter“ hat ihren Atem dem Kind übertragen. Wenn dieses Kind in seinem Leben stets auf der Suche nach der „warmen Mutter“ viele Enttäuschungen erleidet, immer hungrig bleibt und schließlich an Leib und Seele leidet, ist auch hier der Prozess der bewussten Lösung vom Mutteratem und die Entwicklung des Eigenatems notwendig.

Vom spirituellen Standpunkt aus betrachtet gilt es, die gewählte Inkarnation anzunehmen und sich mit ihren Möglichkeiten zu verwirklichen. Dann spielt das Verhalten oder auch die Vergehen einer Mutter keine Rolle mehr. Das ist ungleich schwieriger zu akzeptieren als eine gut begründete Verhaftung am Mutteratem. Solange jemand noch vor dieser Aufgabe steht, türmen sich bisweilen unüberwindbar erscheinende Berge auf. Die Erfahrung mit Menschen, die ihren Eigenatem gefunden und verwirklicht haben, ist aber so überzeugend und inspirierend, dass sich alle Kreativität für den Weg dahin aufzubringen lohnt.

5

Die Erlangung des eigenen Atmens im Überblick

Der Weg zum Verwirklichen des eigenen Atems und zugleich den Mutteratem loszulassen, gehorcht einem einfachen Naturgesetz: Ist ein Gefäß voll, muss es erst entleert werden, will man frisches Wasser oder sonst etwas Neues hineingießen. Oder ein anderes Bild: Will man etwas auf eine Tafel schreiben und diese ist vollgeschrieben, muss sie erst abgewischt werden. So verhält es sich auch mit dem Atmen. Bevor sich der eigene Atem entfalten kann, ist es sinnvoll, die alte Prägung aus dem Bewusstsein zu streichen, das Gefäß zu leeren. Die gesamte altindische und indotibetische Atemkunst war dazu angetan, genau dieses zu tun. Die Atemkunst basiert auf der Verlängerung des Ausatmens und des Einatmens sowie auf rhythmischen Atemübungen, die man ursprünglich am Puls maß. Damit das besser verständlich wird, sei Folgendes ins Bewusstsein gerufen:

Der natürliche Atem im Ruhezustand weist die Proportion 2 : 3 auf, das heißt, das Einatmen ist kürzer als das Ausatmen. Das hat jeder schon gemerkt. Das Atmungsverhältnis 2 : 3 entspricht beim gesunden Menschen dem Bau der Lunge: Über dem Herzen links besteht sie aus 2 Lappen und rechts über der Leber sind es 3 Lappen.

Ob wir nun den Mutteratem noch in uns tragen oder schon einen Teil des eigenen verwirklicht haben, in jedem Falle ist der Einatemvorgang immer kürzer als der Ausatemvorgang. Für die vollständige Erlangung des eigenen Atems, so erkannten

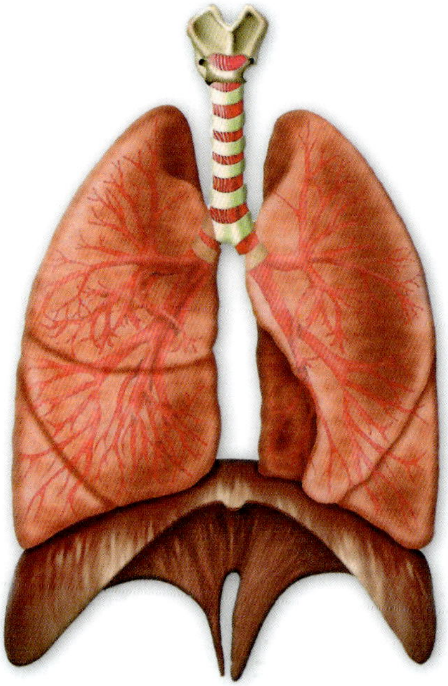

Abb. 8 Der Lungenbau in der Proportion 2:3

die Yogis aus alter Zeit bereits, muss dieser natürliche rhythmische Vorgang auf eine andere Ebene gehoben werden, so dass mehr Energie zur Verfügung steht. So entstanden beinahe zahllose Übungen, um den Atem einerseits zu rhythmisieren und andererseits zu verlängern. Die erste Stufe ist, seinen solaren oder lunaren Atemrhythmus bewusst zu erweitern. Die zweite Stufe dient der Atemvertiefung, indem das Ein- und Ausatmen in der Zeitlänge gleichgeschaltet wird.

Durch die Verlängerung und Rhythmisierung des Atmens erfährt der Übende erst einmal, wo es Blockaden gibt, dass sie/er zu schnell einatmet und in den Einatemstau gerät oder zu schnell ausatmet und nach Luft ringt. Die Gleichschaltung von Ein- und Ausatmen führt zum wichtigsten Ziel: zum entspannten Strömenlassen der Atemluft und zur gleichmäßigen Bewegung des Zwerchfells rundum. Das ist die Basis für einen starken Eigenatem.

Das Zwerchfell ist ein schräg gestellter Rundmuskel. Verspannungen entstehen vor allem in den Flanken und hinten am Rücken auf der Höhe von LWS 1 und 2, wo innen das Zwerchfell an der Wirbelsäule befestigt ist.

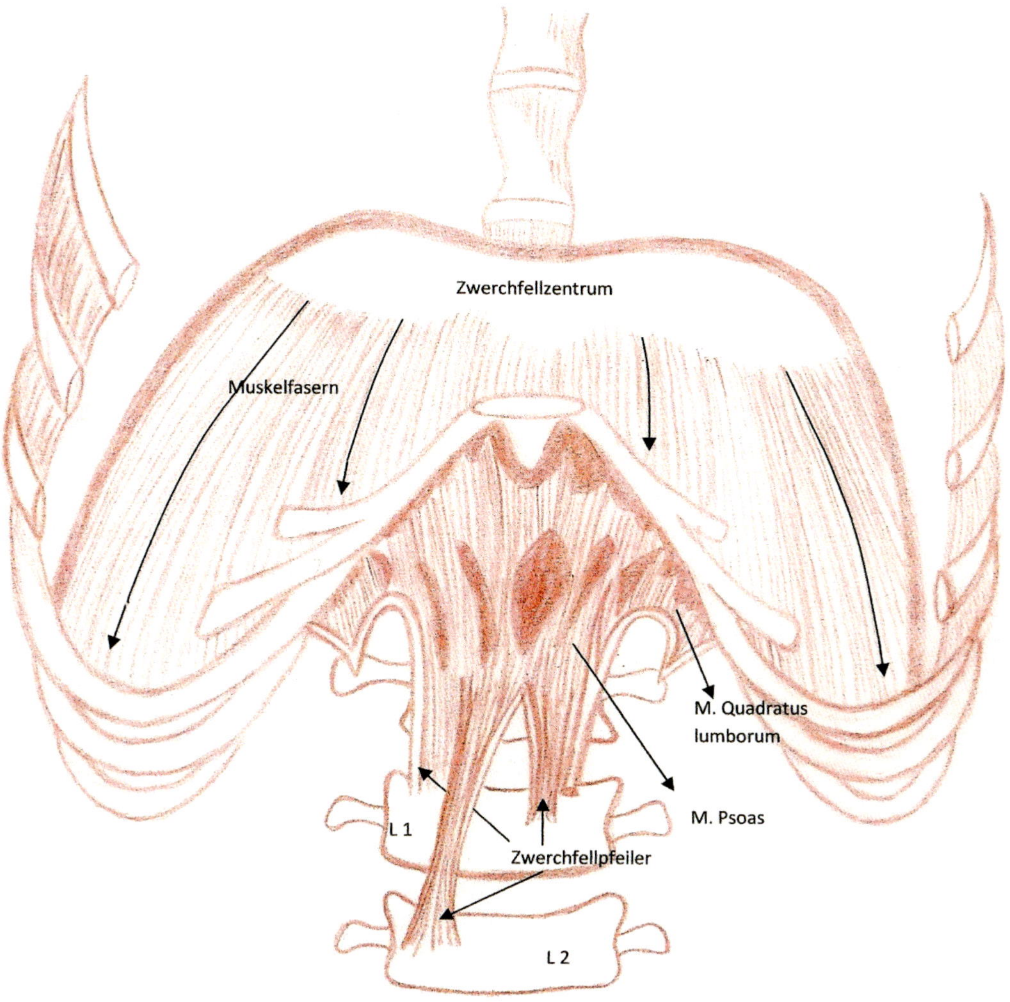

Abb. 9 Die hintere Befestigung des Zwerchfells

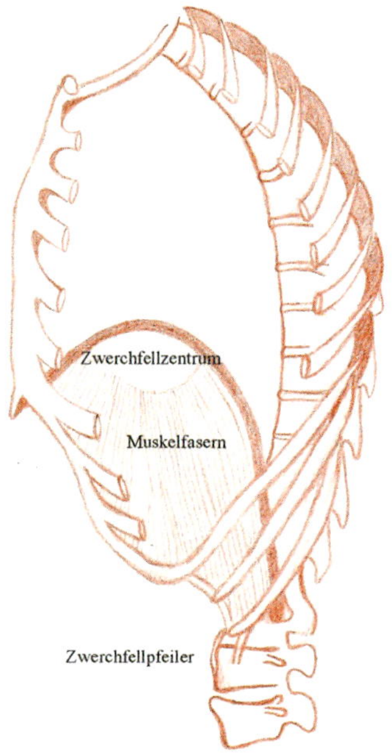

Abb. 10 Das schräg stehende Brustzwerchfell

Was heute gemeinhin unter Tiefatmen gelehrt wird, bezieht sich meist nur auf die Bauchatmung. Wenig bis gar nicht wird die Flanken- und Rückenatmung mit ihren kleinen Bewegungen des Zwerchfells beachtet, obgleich damit das Gros der Rückenschmerzen behoben werden kann.

In der praktischen Durchführung verwenden wir die Musik-CD „Spirituelle Heilkunst" und führen die rhythmischen Atemübungen aus, die in Band II der Buchreihe „Spirituelle Heilkunst"[2] von Harald Knauss detailliert beschrieben sind.

Atemübungen zur Erlangung der eigenen Atemkraft lassen sich nur vom Prinzip her beschreiben. In der realen Lösungsarbeit werden die Atemübungen bei jedem genau geprüft, damit wirklich das Zwerchfell rundum schwingt und viele Details der Körperhaltung beachtet und gegebenenfalls korrigiert werden. Damit man sich ein Bild von dieser Arbeit machen kann, hier die prinzipielle Struktur ihres Aufbaus und Ablaufs:

2 Im Narayana Verlag erschienen, siehe Literaturverzeichnis.

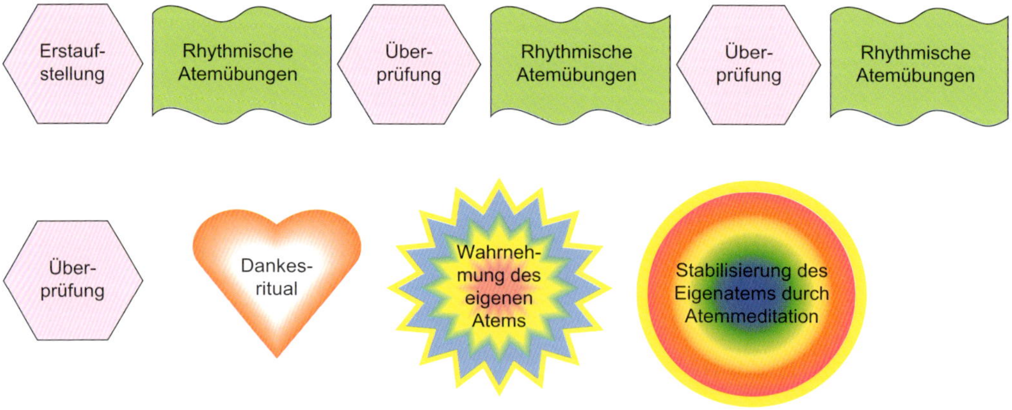

Abb. 11 Der Weg vom Mutteratem zum eigenen Atem

Das „Leerwischen" der inneren Leinwand geschieht in den seltensten Fällen spontan. Meistens ist es ein Prozess, in dem schrittweise der eigene Atem immer kräftiger und deutlicher und der Mutteratem schwächer wird, bis er überflüssig geworden ist. Dazu braucht man einen Maßstab, an dem die positive Veränderung abzulesen ist. Darum gibt es eine erste Aufstellung des systemischen Feldes, in dem unter anderem der Mutteratem und der eigene Atem aufgestellt werden. Der Klient muss erst einmal an beiden Positionen spüren: Wie atme ich, was bringt der eine und der andere „Atemplatz" in mir zum Erleben? Allein schon diese Anfangsphase öffnet das Bewusstsein für Befindlichkeiten, die bis dahin im Unterbewusstsein ruhten.

Nach der Erstaufstellung werden rhythmische Atemübungen durchgeführt, die hierarchisch aufgebaut sind, so dass jedem möglich ist, langsam in die Verfassung des entspannten Atemströmens zu gelangen. Das ist der entscheidende Prozess des Spürens und der neuen Erfahrung. Der Mutteratem spielt dabei keine Rolle mehr, nur das eigene Erleben in Körper, Geist und Seele.

Mit den Atemübungen beginnt das Auflösen alter Atemmuster und ein erstes Gefühl, dass sich nach den Atemübungen auch der normale Atem zunehmend verändert. Das ist ja das Ziel: Auch im Alltag seinen Atem zu leben und somit seinem Bewusstsein zu vertrauen. Deshalb geht der Klient nach den Atemübungen wieder ins systemische Feld, spürt, was jetzt anders ist, verändert die Positionen der aufgestellten Parameter. Die Person geht an ihren „Atemplatz" und spürt die Energielage.

Dann folgen eine weitere Runde rhythmischer Atemübungen und wieder die Überprüfung im systemischen Feld. Diese Abfolge wird so lange wiederholt – aller Erfahrung nach drei Mal – bis für die Person eindeutig spürbar ist: „In mir waltet eine neue, ureigene Atemkraft, die mich auch außerhalb der rhythmischen Atemübungen trägt." Die Lösung vom Mutteratem verdient ein kleines Ritual, in dem der Klient der Mutter dankt, dass sie einst ihren Atem lieh und nun die volle Verantwortung für den eigenen Atem = das eigene Leben kraft des eigenen Atems verwirklicht wird. In einem solchen Prozess des Lösens und der neuen Erfahrung bleibt genügend Zeit und Raum, den eigenen Atem und die Veränderung in der eigenen Wahrnehmung bewusst zu erleben. Der wirkliche Prüfstein ist dann der Alltag, in dem sich alsbald herausstellt, welche Bewusstseinsveränderungen stattgefunden haben. Von zentraler Bedeutung ist, die neue Erfahrung zu stabilisieren. Darum wird im Seminar bereits eine Atemmeditation durchgeführt, die dann zu Hause weiter in den Alltag integriert wird.

6

Die Lösung des Mutteratems in der systemischen Aufstellung

Die Methodik der systemischen Familienaufstellung hat im Laufe der Jahre viele verschiedene Formen angenommen. Deshalb propagiere ich keine mit der Botschaft, die einzig richtige zu sein. Mir geht es stets in meiner Arbeit um Effizienz und Machbarkeit in der eigenen Praxis. Daher stelle ich in diesem Buch zwei Möglichkeiten vor. Die Gruppenarbeit mit Kollegen und die Einzelarbeit mit Patienten.

Die Erfahrung lehrt, dass Kollegen, die beispielsweise die Medial- und Heilerschulung durchlaufen haben und die rhythmischen Atem-, Drüsen- und Harmonisierungsübungen bereits gelernt haben, in wenigen Schritten die bewusste Lösung vom Mutteratem vollziehen und sofort in die Stabilisierung des Eigenatems übergehen. Der Grund dafür ist einfach: Das Ziel der Medial- und Heilerschulung ist, seine Potenziale optimal zu entfalten, ein gesundes Selbstbewusstsein zu entwickeln und eine erweiterte Wahrnehmung. Die darin eingeflochtenen rhythmischen Atemübungen geben den Teilnehmern schon von Anfang an eine Möglichkeit an die Hand, den eigenen schöpferischen Atem bewusst zu stärken und dadurch die Verhaftung am Mutteratem zu lösen.

Bei Kollegen, die zwar Erfahrung mit familiensystemischer Arbeit und Psychotherapie haben, denen aber die Einheit von Atem und Bewusstsein in ihrer Arbeit noch nicht so vertraut ist, bedarf es im Prozess der Lösung vom Mutteratem einiger Hilfen. Zum einen müssen sie das wichtigste „Instrument" des Zugangs zum Eigen- oder Schöpferatem erlernen, die Übungen. Zum andern brauchen sie oftmals zusätzliche Heilungsimpulse, um sich vom Mutteratem zu lösen. Hierbei hat sich die Homöopathie und die Bach-Blütentherapie bewährt.

Die Einzelarbeit wende ich hauptsächlich bei Patienten an.

Allen Arbeitsweisen ist das Erlebnis im Raum gemeinsam, die einfache Methodik und die Notwendigkeit der Beherrschung der rhythmischen Atemübungen. Auch das Prinzip der Lösung vom Mutteratem und die Stabilisierung des Eigenatems sind immer gleich – wie in Abb. 11 dargestellt. In den folgenden Kapiteln gehe ich nur auf die prinzipielle Methodik ein und auf die verschiedenen Möglichkeiten ihrer Umsetzung. Dadurch fächere ich ein breites Spektrum auf, aus dem sich jeder das heraussuchen kann, was für sie/ihn nötig ist. Natürlich kann auch jeder für sich zu Hause einmal die Überprüfung vornehmen, inwieweit der Eigenatem schon entwickelt und der Mutteratem noch aktiv. Dazu sind die gleichen „Utensilien" nötig, die auch in der Gruppen- und Einzelarbeit angewendet werden:

- Knauss, Harald und Sonnenschmidt, Rosina: Übungs-CD mit Musik zu den Atem-, Drüsen- und Harmonisierungsübungen. Narayana Verlag 2009
- Knauss, Harald: Schriftenreihe Spirituelle Heilkunst, Band 2 „Der Atem – Schlüssel zum Lebensrhythmus". Narayana Verlag 2010

- Knauss, Harald: Schriftenreihe Spirituelle Heilkunst, Band 3 „Drüsen und Cakras – Zentren der Schöpferkraft und Transformation". Narayana Verlag 2010

Die praktische Unterweisung in den Übungen ist in der Regel notwendig, aber ich habe schon Menschen mit einem so exzellenten Vorstellungsvermögen getroffen, die die Beschreibung der Übungen in den Büchern 1 : 1 mithilfe der Musik umsetzen konnten und uns begeisterte Feedbacks gaben, dass sie erfolgreich die Lösung vom Mutteratem vollzogen haben. Sicher ist das die Ausnahme, aber immerhin möglich. Die Regel bleibt, die Übungen[3] praktisch zu erlernen, denn sie sind der Schlüssel zur Entfaltung des Eigen- bzw. Schöpfungsatems.

6.1 Die Aufstellungsutensilien und ihre Anwendung

Von jedem Teilnehmer wird zu Beginn der „Atemtyp" aufgrund des Geburtsdatums festgestellt[4]. Hierbei geht es um drei Parameter: lunarer Schwerpunkt (L), solarer Schwerpunkt (S) oder kein Schwerpunkt. Letzteres bedeutet, dass jemand beide Anteile in fast gleichem Maße besitzt. Als Kürzel verwende ich ein „W" für „Wechselhaftigkeit". Für das Bewusstwerden des Eigenatems gilt daher:

3 Dazu findet auch jährlich ein Kurs statt: „Spirituelle Heilkunst", in dem die Atem-, Drüsen-, Harmonieübungen vermittelt werden sowie die Lösung vom Mutteratem.

4 Siehe hierzu die Internetadresse www.einatmer.de

Solar: entspanntes Einatmen – BETONTES AUSATMEN

Lunar: BETONTES EINATMEN – entspanntes Ausatmen

Wechselhaftigkeit: Entscheidung für das solare oder lunare Prinzip je nach Lebenslage

Indem der eigene grundlegende Atemtyp festgestellt ist, lässt sich leichter eine Abweichung davon feststellen. Der unterschiedliche Atemtyp bei Mutter und Kind kann viele Missverständnisse verursachen, wenn die Mutter nicht weiß, dass es zwei richtige Arten des Atems, Körper-, Stoffwechsel- und Essverhaltens gibt.

Als Hilfsmittel für die aufzustellenden Parameter verwende ich in der einfachsten Form vier Papierblätter mit folgenden Aufschriften:

Eigenatem

Mutteratem

Schöpfungsatem

Dank an die Mutter

Folgende Schritte werden vollzogen:

1. Legen Sie die Zettel mit der Aufschrift „Eigenatem" und „Mutteratem" in einigem Abstand auf den Boden.
2. Treten Sie zuerst an oder auf den Zettel „Eigenatem" und atmen Sie ganz natürlich 3 – 4 Minuten lang.
3. Spüren Sie, zu wie viel Prozent Sie meinen, in Ihrem Eigenatem zu sein.

Abb. 12 Stehen und Atmen am Platz des Eigenatems

Abb. 13 Stehen und Atmen am Platz des Mutteratems

4. Treten Sie danach an oder auf den Zettel „Mutteratem" und versuchen Sie, in Ihrem Eigenatem zu bleiben. Verweilen Sie an diesem „Mutterplatz" ebenfalls 3 – 4 Minuten.
5. **Sie werden einen Unterschied spüren!**
6. Legen Sie auch an diesem Platz fest, zu wie viel Prozent Ihnen der Eigenatem zur Verfügung steht.

Immer wieder gibt es interessante Erfahrungen wie: „Beim Mutteratem hatte ich viel Kraft, beim Eigenatem weniger." Oder: „Mein Eigenatem schrumpfte sofort am Platz des Mutteratems." Oder: „Ich atmete an meinem Platz solar, aber am Mutterplatz musste ich plötzlich die Einatmung betonen." (Lunares Prinzip)

Was auch immer Sie am Mutterplatz erfahren, es zeigt Ihnen, in welchem Maße Sie Ihren Eigenatem leben oder auch nicht. Es gibt viele Grade der Abweichung, aber vor allem wird jedem erst einmal klar, dass da im Verborgenen ein Anteil in uns existiert, der nicht mehr zu uns gehört, ja, der auf einmal auch als hinderlich und einengend empfunden wird. Es geht niemals darum, den Mutteratem zu bewerten oder gar zu beurteilen. Die erste Erfahrung zeigt lediglich, dass das volle Maß der Selbstverwirklichung behindert ist und es für einen selbst nun ansteht, den „Leihatem" der Mutter endgültig loszulassen.

Nach dieser ersten Phase folgen rhythmische Atemübungen, die ich später genauer beschreibe.

Nach den Übungen wird überprüft:

- Treten Sie wieder an die Stelle des Eigenatems. Spüren Sie, was sich verändert hat.
- Spüren Sie, zu wie viel Prozent jetzt Ihr Eigenatem wirksam ist.

- Verweilen Sie 3 – 4 Minuten in Ihrem Eigenatem.
- Treten Sie danach wieder an das Feld des Mutteratems.
- Verweilen Sie auch hier 3 – 4 Minuten und spüren, was sich positiv verändert hat.
- Zu wie viel Prozent bleibt Ihr Eigenatem stabil?
- Ist der Mutteratem weniger wichtig geworden?
- Treten Sie abschließend noch einmal an den Platz des Eigenatems und „tanken" Sie gleichsam die eigene Atemkraft an diesem Ort.

Nach dieser Überprüfungsphase folgen wieder rhythmische Atemübungen, die den Eigenatem stabilisieren und das alte Muster der Verhaftung an den Mutteratem aus dem Bewusstsein sozusagen „auswischen", so dass die innere Tafel neu beschrieben werden kann, nämlich mit den Möglichkeiten, das Bewusstsein für die eigene Schöpferkraft zu öffnen.

Der Wechsel von Übungen und Überprüfung am Platz des Eigenatems und Mutteratems findet so oft statt, bis ein deutliches Gefühl für die Lösung vom Mutteratem und die Steigerung der eigenen Atemkraft entsteht.

Dann folgt der nächste Schritt:

- Legen Sie das Blatt mit der Aufschrift „Schöpfungsatem" ebenfalls auf den Boden im gebührenden Abstand zu den beiden anderen Blättern.

Abb. 14 Die erste rhythmische Atemübung im Sitzen

- Treten Sie an den Platz des Eigenatems und verweilen 3 – 4 Minuten. Dank der Atemübungen atmen Sie jetzt weit und tief.
- Genießen Sie die Kraft des Eigenatems.
- Treten Sie zur Überprüfung an den Platz des Mutteratems. Er sollte jetzt keine nennenswerte Rolle mehr spielen.
- Treten Sie nun an den Platz Ihres Schöpfungsatems mit dem Bewusstsein, offen für Inspiration zu sein und die frei gewordene Energie durch die Lösung vom Mutteratem sofort in die Tat umzusetzen.
- Vertrauen Sie Ihrem ersten Eindruck, was Sie an Schöpferischem ab sofort in Ihrem Leben verwirklichen werden. Lassen Sie sich inspirieren!
- Schreiben Sie die Eingebung auf!

Abb. 15 Stehen und Atmen auf dem Feld „Eigenatem/Schöpfungsatem"

Abb. 16 Überprüfung der eigenen Atemstärke auf dem Feld „Mutteratem"

Es ist auch hier sehr interessant, zu welchen Erkenntnissen Menschen in dieser Phase kommen: „Ich wollte das schon immer tun, jetzt tue ich es." Oder: „Das habe ich mir bis jetzt nicht zugetraut, aber ich will es versuchen." Oder: „Das ist eine völlig neue Idee, die ich noch nie erwogen habe. Aber, warum nicht? Ich versuche es!"

Der Schöpfungsatem ist nicht auf künstlerische Tätigkeiten beschränkt. Er ist die Triebfeder der Selbstverwirklichung, die sich in jedem Bereich des jetzigen Lebens manifestieren kann. Doch braucht man dazu freie Energie, die Freiheit von übernommenen Denk- und Verhaltensmustern.

In dieser Phase wird einem bewusst, dass der Eigenatem und der Schöpfungsatem zusammengehören. Ferner wird klar, dass es angebracht ist, in einem kleinen Ritual der Mutter für ihre einstige „Leihgabe" zu danken und die volle Verantwortung für den eigenen Lebensweg zu übernehmen. Für diesen abschließenden Prozess werden die Blätter mit der Aufschrift „Eigenatem" und „Schöpfungsatem" aufeinander oder eng beieinander gelegt. Ich nenne diesen Platz den „Schöpfungsplatz". In einigem Abstand dazu liegt das Blatt mit der Aufschrift „Dank an den Mutteratem". Ich nenne es den „Dankesplatz".

- Treten Sie an den Platz mit „Eigenatem + Schöpfungsatem".
- Verweilen Sie an diesem Ort für 3 – 4 Minuten in dem Bewusstsein, alle Freiheit zu haben, sich zu verwirklichen, Ihren eigenen Weg mit voller Kraft zu gehen, erfolgreich in dem zu sein, was Sie mit vollem Herzen tun.
- Treten Sie danach an den „Dankesplatz" und finden Sie eigene Worte, Ihrer Mutter zu danken, dass sie Ihnen einst ihren physischen Atem lieh und Ihnen darin enthalten auch den

Schöpfungsatem für das von Ihnen gewählte Leben vermittelte. Die Mutter hat den Dank verdient, einerlei, wie sie als Person war oder ist!

- Zum Abschluss kehren Sie zu Ihrem „Schöpfungsplatz“ zurück und „tanken“ noch einmal die Kraft Ihres Eigen- und Schöpfungsatems.

Es hat sich bewährt, einen Ort in Haus oder Wohnung zu wählen, der nicht oft frequentiert wird. An diesen Platz kann man den Zettel mit der Aufschrift „Schöpfungsatem“ legen und sich immer bei Bedarf darauf stellen, wenn einen das Gefühl überkommt, nicht voll und ganz in der eigenen Schöpfungskraft zu sein.

Unser Alltag bietet ausreichend Gelegenheit, die Stabilität des Schöpfungsatems zu überprüfen. Sei es, dass jemand die eigene Mutter versorgt, sei es eine problematische Familiensituation oder der berufliche Alltag. Ganz bei sich zu bleiben, ganz dem eigenen Atem = Bewusstsein unter allen Lebensumständen zu vertrauen, ist nicht leicht. Die rhythmischen Atemübungen sind der Halt, den man nicht nur im Lösungsprozess gewinnt, sondern der einem hilft, den Schöpfungsatem immer weiter zu vertiefen und zu erweitern. Der Alltag ist der wahre Meister. Bei ihm sind wir in ständiger Lehre und finden Bestätigung und Prüfung der Echtheit unserer Bewusstseinsentwicklung. Was sich im Alltag verwirklicht, hat Bestand und zeigt den Grad der spirituellen Entwicklung.

Abb. 17 Dank an den Mutteratem

6.2 Die Arbeit im systemischen Feld

Die Vorgänge, die im vorigen Kapitel beschrieben wurden, bleiben gleich, aber das Mittel der Lösung vom Mutteratem kann anders sein. In der Gruppenarbeit mit Kollegen verwende ich gerne Standstöcke in verschiedenen Farben und 1 Meter Länge. Die Stäbe haben oben einen Schlitz, so dass man kleine Zettel daran aufhängen oder hineinklemmen kann.

Abb. 18 Aufstellungsstäbe

Abb. 19 Verweilen am Platz des Eigenatems/Schöpfungsatems

Abb. 20 Verweilen am Platz des Mutteratems

Die Stäbe werden definiert, aufgestellt und vom Klienten bewegt, aber auch zwecks Einfühlen und Überprüfung immer wieder besucht. Die zentralen Parameter sind „Mutteratem“ und „Eigenatem“ (S, L, oder W). Je nachdem, in welcher Verfassung die Klientin oder der Klient zu Beginn ist, ob eine chronische Krankheit vorliegt oder immer wieder aufflackernde „Zipperlein“ eine Rolle spielen, stelle ich zusätzlich die Blutparameter und die Milzenergie auf:

- Die Erythrozyten stehen für die Mutterkraft, auch die eigene Weiblichkeit oder der weibliche Anteil im Mann. Vermehrung, freies Fließen und Zirkulieren ist der Qualitätsanspruch an die roten Blutkörperchen.
- Die Leukozyten bzw. Lymphozyten stehen für die Vaterkraft, auch für die eigene Männlichkeit oder den männlichen Anteil in der Frau. Eine starke Immunkraft, Grenze ziehen und Nein sagen zu können ist die Qualität der weißen Blutkörperchen.
- Die Thrombozyten stehen für das Familiensystem, in das man hineingeboren ist. Der unsichtbare Halt, der Ausgleich der Kräfte und der freie Fluss des Blutes hängen von der Qualität und Zahl der Blutplättchen ab.
- Die Milzenergie steht für die Eigenverantwortung, die postnatale schöpferische Kraft zu verwirklichen.

Indem die Blutparameter aufgestellt werden, offenbaren sich oft zusätzliche Hindernisse und Schwächen, die an der Leihgabe des Mutteratems haften. Interessant ist, dass sich diese Schwächen deutlich verbessern, wenn nicht sogar auflösen durch den Prozess, den Eigenatem zu entwickeln. Einfach ausgedrückt: Am Mutteratem können viele andere Denk- und Verhaltensmuster „kleben“. Er ist jedoch die übergeordnete Instanz, die zuerst abgelöst gehört. Dann sieht man, was nach Lösung vom Mutteratem eventuell noch bearbeitet werden muss und einer zusätzlichen Therapie bedarf. Die Erfahrung zeigt, dass der eigene Atem in der Regel von solcher Mächtigkeit ist, dass damit auch Übernahmen und Verhaftungen anderer Art überflüssig werden. Vergessen wir nicht: Atemkraft ist Bewusstsein und wenn sich das Bewusstsein ändert, getragen von einem tiefen und weiten Atem, ändert sich alles im Außen.

Betrachten wir jetzt die Vorgehensweise im systemischen Feld bei der Einzelarbeit, wie dies auch in der Praxis zu verwirklichen ist:

- **Schritt 1:** Auf einem als morphogenetisches Feld definierten Platz wird bewusst gemacht, dass es bei der folgenden Arbeit um eine Schwellenüberschreitung geht – vom bisherigen Bewusstsein zu einer neuen Erfahrung und Erkenntnis. Eine Schwelle ist der Ort der Transformation. Im Feld agiert nur die Person, um die es bei der Aufstellung geht. Sie wird im Folgenden Person A genannt. Ich oder eine andere Person, die die Aufstellung leitet, begleitet den Prozess jenseits der Schwelle und betritt das Feld nicht. Diese Person wird im Folgenden Person B genannt.
- **Schritt 2:** Person A wählt einen farbigen Stab für den Mutteratem und einen für sich. Oben am Stab wird ein entsprechender Zettel angebracht, auf dem „Mutteratem" und „Eigenatem" steht. Person A positioniert die Stäbe nach Belieben im Feld.

Abb. 21 Einzelarbeit mit einer Klientin (A), rechts Aufstellungsleitung (B)

- **Schritt 3:** Person A geht zuerst zum Eigenatem, verweilt dort einige Atemzüge lang, bis sich ein natürlicher Atemrhythmus ergibt und sich ein Eindruck, Gefühl oder Bildanker für den Eigenatem einstellt. Dann wechselt sie zum Mutteratem, verweilt dort und spürt, ob sich und wenn ja, was sich im Atmen, Denken und Fühlen verändert. Ich kommuniziere mit Person A und erhalte Informationen, wie sich was im Feld an den Positionen anfühlt.
- **Schritt 4:** Je nachdem, was in dieser Anfangsphase geschieht, stellt Person A die Stäbe anders und überprüft an beiden, was sich verändert. Oder sie erhält das deutliche Gefühl – was sehr oft auftaucht – die eigene Energie müsse durch einen Heilungsimpuls verstärkt werden.

- **Schritt 5:** Zur Auswahl stehen die Blutparameter Erythrozyten (Mutterkraft), Leukozyten (Vaterkraft), Thrombozyten (Familienkraft) und die Milz (eigene schöpferische Kraft). Person A positioniert die gewählten Parameter intuitiv. Auch die neu ins Spiel der Kräfte gebrachten Stäbe werden mit Zetteln gekennzeichnet.

Abb. 22 Verweilen am Platz des Eigenatems und Frage nach dem Befinden von A

Abb. 23 Verweilen am Platz des Mutteratems und Frage nach dem Befinden von A

- **Schritt 6:** Person A stellt sich an jeden Parameter und spürt, was mit dem eigenen Atem geschieht bzw. ob der solare oder lunare Atem stabil bleibt.

- **Schritt 7:** Aufgrund der neuen Erfahrungen ordnet sich allmählich das Energiemuster dergestalt, dass Person A sich frei fühlt und vor sich einen offenen Weg wahrnimmt.

Das ist das erste Zeichen, dass Person A den Mutteratem loszulassen beginnt und bereit ist für das „Auswischen" der alten Muster. Es folgt eine Übungsphase mit lunarer oder solarer Übung zur Atemverlängerung, ferner rhythmische Atemübungen im Sitzen, Stehen und Gehen. Dann schließt sich eine Ruhephase an, in der Person A sich ihrem natürlichen Atemrhythmus überlässt. Im Kurs nehmen alle an den Übungen teil.

Nach dem Übungsteil folgt die Überprüfung, inwieweit sich der Eigenatem schon gefestigt hat:

- **Schritt 8:** Person A betritt das systemische Feld und tritt zuerst an den Stab des Eigenatems. Dort spürt sie in ihren Atem hinein. Sie teilt mit, zu wie viel Prozent sie meint, bereits ihren eigenen Atem entwickelt zu haben. Erfahrungsgemäß werden zwischen 50 % und 70 % angegeben.

- **Schritt 9:** Person A tritt an den Stab des Mutteratems und spürt, ob sich im Eigenatem etwas verändert. Auch hier gibt sie an, zu wie viel Prozent etwa der Mutteratem noch vorhanden ist. Erfahrungsgemäß liegt die Angabe zwischen 30 % und 50 %.

- **Schritt 10:** Person B fragt, ob eine heilende Information im Feld notwendig ist und die anderen Parameter (Blut, Milz) noch eine Rolle spielen. Erfahrungsgemäß stehen die zusätzlichen Parameter jetzt eher in der Peripherie des Feldes. Aber es kann sein, dass ein Heilmittel zur Unterstützung erwünscht wird. Nehmen wir an, dass die am häufigsten notwendigen homöopathischen Arzneien wie *Aurum* und *Lycopodium* erwogen werden.

Lycopodium setze ich gerne ein, wenn Person A noch kein Gefühl für ihre Mitte = innere Heimat hat. Auch wenn in der Vita eine „kalte Mutter", viele Unterdrückungen oder ein gewaltsamer Bruch zwischen Kind und Eltern stattgefunden haben, bewährt sich *Lycopodium* ausgezeichnet, den Eigenatem in dieser Überprüfungsphase zu fördern.

- **Schritt 11:** Person B wählt einen Stab ohne Beschriftung und nennt das Heilmittel nicht. Nehmen wir an, der Stab steht für *Aurum metallicum*. Person A nimmt ihn in Empfang und stellt ihn intuitiv auf. Meine Intention zur Wahl von *Aurum* basiert auf der Kraft, das innere Gold eines Menschen zu stärken, seine natürliche Autorität anzuregen. *Aurum* wähle ich auch gerne, wenn Atemprobleme, skrofulöse Symptome und ein starker Mangel an Selbstbewusstsein beim Klienten vorliegen.

Abb. 24 Die Hilfe „Leukozyten" = Vaterkraft wird gewählt

Abb. 25 Frage, was sich verändert, indem B sich auf Vaterkraft = *Lycopodium* konzentriert

- **Schritt 12:** Person A überprüft zuerst, ob sie mit der Heilinformation hinter sich am Stab des Eigenatems mehr Energie verspürt – was sehr häufig der Fall ist. Am Stab des Mutteratems prüft sie, ob der Eigenatem mit der Heilenergie in seiner Stärke bleibt.

Abb. 26 Die Klientin fühlt sich schwach beim Eigenatem

Abb. 27 Sie erhält die Heilinformation *Aurum* und spürt spontan den Energiezuwachs

Selbstverständlich kann ein Homöopath andere Mittel auswählen, die dem Augenblick der Überprüfungsphase entsprechen. Danach folgen wieder eine Runde mit rhythmischen Atemübungen und eine kleine Ruhepause, um den natürlichen Atemstrom zu spüren. Dann schließt sich wieder eine Überprüfung im systemischen Feld an. Die Schritte 8 und 9 sind obligat. Sollte noch eine heilende Unterstützung nötig sein, schließen sich die Schritte 10 bis 12 an.

Wie oft eine Überprüfung insgesamt nötig ist, um den Eigenatem zu 100 % bewusst zu spüren und ihn als stabil am Stab des Mutteratems zu erleben, lässt sich nicht festlegen. In den meisten Fällen genügen zwei Überprüfungen.

6.3 Die Unterstützung der Lösung vom Mutteratem durch Homöopathie

In einigen Fällen bedarf die Lösung vom Mutteratem einer zusätzlichen Behandlung, weil die Bindung Mutter – Kind noch von einem ungelösten Konflikt überlagert ist. Das kann zum Beispiel eine Abneigung gegen die Mutter sein, die nicht auf greifbaren Fakten beruht. Hier hat sich bewährt, *Thuja* C30 oder C200 an drei oder vier aufeinanderfolgenden Tagen (Splitting-Methode) zu verordnen. *Thuja*, der Lebensbaum, bringt alles an den Tag, was das Lebensprinzip behelligt haben könnte. Es taucht eine Erinnerung auf, ein Traum gibt Hinweise oder der Patient/die Patientin kommt zu einer Erkenntnis. Darauf kann sich dann eine weitere Therapie aufbauen. Eines der Hauptmittel in der Lösung des Mutterkonflikts ist *Lac caninum*. Nach meiner Erfahrung ist diese Arznei von gewaltiger Kraft, das gestörte Verhältnis Mutter – Vater – Kind zu harmonisieren. Sei es, dass das Kind die Aufgabe übernommen hat, die Ehezwistigkeiten der Eltern durch Rebellion oder Aufopferung zu kompensieren, oder sei es, dass Mutter und Vater sich während der Schwangerschaft trennten oder das Kind unehelich gezeugt wurde und der Vater keine Verantwortung für Mutter und Kind übernahm. Dem Kind fehlte nach der Geburt die Vaterkraft und es versuchte das Defizit durch die Ablehnung der Mutter auszugleichen. Das alles sind natürlich unbewusste Prozesse, die im Unterbewusstsein schwelen und einen Menschen daran hindern, sich in vollem Maße zu verwirklichen. Verstrickungen dieser Art müssen erkannt und gelöst werden, da sie das Haften am Mutteratem zusätzlich verstärken.

Eine Arznei, die ich oft eingesetzt und deren frappierende Wirkung ich erlebt habe, ist *Grindelia*. Sie hat einen Bezug zur Atmung bzw. zu den Bronchien, aber auch zum Sympathikus. Die vagotone, natürliche Atmung kann durch Dauerstress erheblich gestört werden, so dass jemand über Jahre in einer sympathikotonen Energielage verharrt und nicht mehr in die Vagotonie findet. Diese Situation ist häufig bei Krebspatienten und bei Menschen mit Burnout-Syndrom oder chronischem Müdigkeitssyndrom anzutreffen. Doch diese Situation allein würde nicht zu *Grindelia* führen, eher zu *Nux vomica*. Aber *Grindelia* hat als ein wichtiges Symptom den schneidenden Schmerz in der Milzgegend. Selbst wenn der Schmerz nicht heftig ist, fällt auf, dass jemand überhaupt deutlich und unangenehm die Milz spürt. Das kann schon bei Kindern als linksseitiges „Seitenstechen" auftauchen und man meint, das Kind habe sich „veratmet". Meistens wird dem Phänomen keine Beachtung geschenkt. Aber aus ganzheitlicher Sicht fällt der Zusammenhang auf. Die Milz steht für die postnatale Schöpferkraft. Das bedeutet, wie schon einmal gesagt, dass die Milz jene Energie bereitstellt, die ererbten Talente, Gaben und Fähigkeiten auf eigene Weise zu verwirklichen. Die Milz ist sozusagen der „Motor" der Selbstverwirklichung.

Abb. 28 Grindelia

In vielen Fällen konnte ich beobachten, dass eine immer wieder aufflackernde Bronchitis, eine unregelmäßige und flache Atmung, Seitenstechen links und ein unangenehmes Milzgefühl auf eine Blockade hinweisen, sich selbst zu verwirklichen, seine Qualitäten und Fähigkeiten zu entfalten. Das Thema Mutteratem lag auf der Hand. Rhythmische Atemübungen und *Grindelia* brachten die Lösung. Die Patientinnen und Patienten waren dankbar für die Erklärung der Zusammenhänge, die sich einem ja nicht so einfach erschließen, wenn man nur linear denkt und Symptome sammelt. Ich hörte noch in meiner Homöopathieausbildung, man solle auf sonderbare Symptome oder

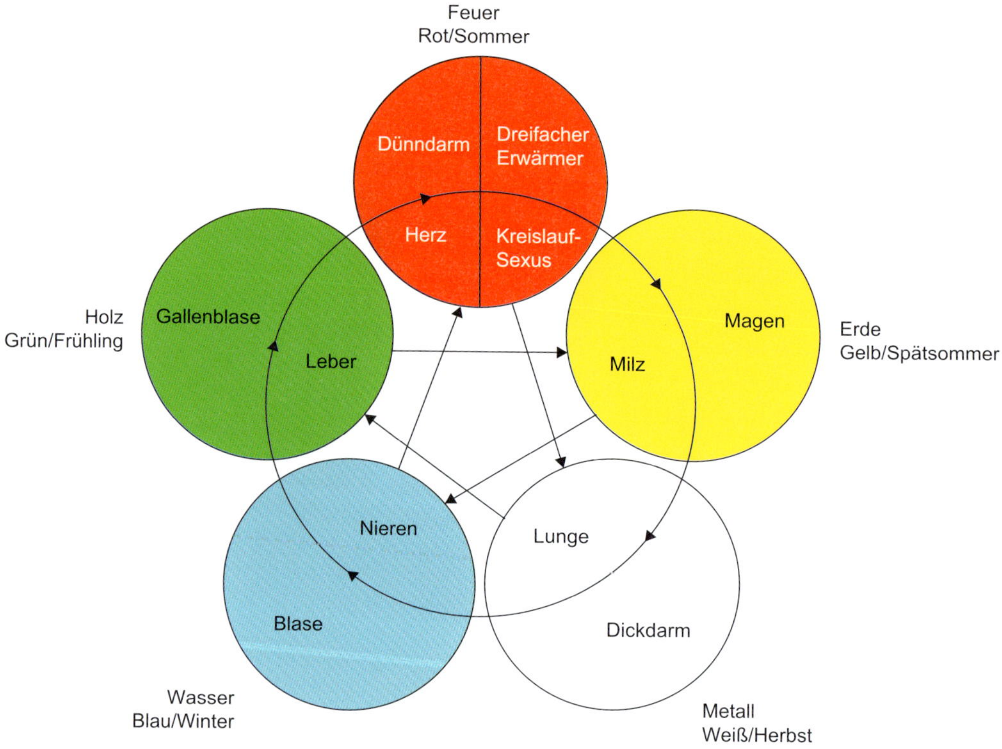

Abb. 29 Die fünf Elemente der Chinesischen Medizin

eine ausgefallene Symptomatik besonders achten, da sie schneller zur Mittelfindung beitragen. Ich habe viele der sonderbaren Symptome kennengelernt und gesehen, dass sie einem nur sonderbar vorkommen, wenn einem keine Entsprechungslehre zur Verfügung steht. Ich möchte sie eher als logische Symptome bezeichnen, da sie aus ganzheitlicher Sicht deutlich mitteilen, welche Ebene es zu beachten gilt. Atem- und Milzprobleme stehen in enger Beziehung. Schauen wir uns dazu folgende Grafik der chinesischen Elementenlehre an:

Die Milz gehört zusammen mit dem Magen, in dem der Vagusnerv aktiv ist, zum Erdelement. Das ist die Mitte, die innere Heimat. Liegt hier eine ursächliche Störung vor, treffen wir beim Patienten oft auf Atemprobleme. Die Qualität der Atmung lässt bei Verdauungsschwierigkeiten schnell nach. Die Milz wird bei Verdauungsstörungen selten in Betracht gezogen. Sie ist aber das Yin-Organ, das Speicherorgan und gibt uns Hinweise auf eine mögliche psychische oder mentale Unverdaulichkeit. Nicht gelebte schöpferische Kräfte, weil sie unterdrückt oder abgebremst wurden, entwickeln vor allem dann eine Unverdaulichkeit, wenn der Patient versucht etwas zu sein, was er/sie nicht ist und nicht sein kann. Die bildhafte Sprache der Chinesen bringt noch mehr Klarheit in diese Zusammenhänge. Die Milz ist die Mutter der Lunge. Geht es dem Kind = Lunge nicht gut, muss man bei der Mutter = Milz die Ursache suchen und nicht nur die Symptome beim Kind beachten. Wird die Mutter, also die Milz, physisch-psychisch-mental gestärkt, geht es dem Atemsystem fast von selbst wieder gut. *Grindelia* umfasst nun beide Organsysteme und ist deshalb eine Arznei, die wir viel häufiger verordnen können, wenn wir die hier aufgeführten Entsprechungen beherzigen.

Um auf den Ausgangspunkt zurückzukommen, kann bei der Aufstellungsarbeit *Grindelia* gute Dienste leisten, wenn der Klient sich in seiner kreativen Selbstverwirklichung gehemmt fühlt oder darin durch die Erziehung gehindert wurde. Bestätigt sie oder er, immer mal wieder Milzschmerz, Seitenstechen links oder ein unangenehmes Milzgefühl gehabt zu haben, erleben wir mit der Eingabe der *Grindelia*-Energie in das systemische Feld die Sternstunde eines Simillimums.

Weitere Mutterthemen zeigen sich oft an speziellen Problemen der Mutter-Kind-Beziehung, die postnatal das Verhältnis belasten und einen Menschen in der Entwicklung seiner Eigenautorität behelligen. Da ist zum Beispiel das Problem einer intellektuellen, kühlen und dominanten Mutter, gegen deren Wortgewalt sich ein Kind nicht gewappnet fühlt. Hier hat sich *Jodum* als Arznei bewiesen, die eigene Sprache, den Selbstausdruck des Patienten zu stärken. Faszinierend finde ich, dass *Jodum* sozusagen „durch das Kind hindurch" auch die Mutter erreicht. Nicht selten liegen ja bei Mutter und Tochter Schilddrüsenprobleme vor – bei der Mutter wegen Überforderung, bei der Tochter wegen Unterforderung des Selbstausdrucks. Homöopathische Arzneien wirken immer individuell <u>und systemisch</u>!

Ein anderes Spezialthema des gestörten Mutter-Kind-Verhältnisses ist die dürftig ausgefallene „Wegzehrung", die die Mutter dem Kind mit auf den Weg gab. Damit ist durchaus nicht primär die Quantität und Qualität der Muttermilch gemeint, sondern die emotional-mentale Botschaft, mit der die Mutter ihr Kind versorgt. Lautet sie: „Du bist willkommen, egal wie die Lebensverhältnisse sind", kann ein Kind auch mit wenig oder nährstoffarmer Muttermilch oder Ersatznahrung gut gedeihen. Lautet sie aber: „Du kommst ungelegen, du bist nicht willkommen", kann die Mutter so viel Muttermilch von bester Qualität haben wie nur irgend möglich, das Kind gedeiht seelisch nicht, nur physisch. Körper und Geist erleben hier bereits eine frühe Trennung, die sich wie ein Grundthema durch das Leben eines Menschen ziehen kann. Ein solches Thema äußert sich beispielsweise darin, dass jemand meint, sich selbst und seine Familie nicht gut nähren zu können, nicht gut genug zu sein. Er/sie leidet an einem geringen Selbstwertgefühl. *Lac humanum* ist eine ausgezeichnete Arznei, in dem Patienten das Bewusstsein dafür zu wecken, dass es postnatal darauf ankommt, selbst sein Leben in die Hand zu nehmen, sich selbst gut zu nähren, Eigenverantwortung für die gewählte Inkarnation zu übernehmen.

Auch *Sepia* kann den latenten Vorwurf an die Mutter, ihr Kind nicht emotional gut genährt zu haben, lösen helfen.

Ein letztes Thema, das mir im Zusammenhang mit der Lösung vom Mutteratem auffiel, war die nervöse Natur der Mutter während der Schwangerschaft. Statt sich dem neuen Zustand „bei mir ist jetzt jemand zu Gast" hinzugeben, führt die Frau ihr hektisches Berufsleben weiter fort. Verständlicherweise überträgt sie auf das Kind nicht nur ihren arrhythmischen, flachen, hektischen Atem, sondern auch das entsprechende Bewusstsein. Ich konnte bei vielen Patienten mit der Konstitution *Nux vomica* diese Zusammenhänge aufdecken. Die Arznei half auch hier sowohl dem Patienten selbst als auch dem systemischen Feld, in dem die Patientin/der Patient Schwangerschaft und Kindheit verbrachte. Die pränatalen Probleme setzten sich postnatal fort, so dass auch die Verhaltensweisen der erfolgreichen, aber hektischen Mutter von Sohn oder Tochter übernommen wurden.

Abb. 30 Enge Mutter-Kind-Beziehung

Manchmal ist es nötig, die Schwangerschaft im Detail zu betrachten, einzelne Monate herauszugreifen, in denen etwas Gravierendes auf die Mutter-Kind-Beziehung einwirkte. Dank der Homöopathie können wir entsprechende Disharmonien nicht nur aufdecken, sondern auch behandeln, auch wenn das Ereignis Jahre und Jahrzehnte zurück liegt.

Da ist zum Beispiel die „schwierige Schwangerschaft" zu nennen. Die Mutter musste vielleicht monatelang liegen, um einen Abortus zu vermeiden. Der Mutteratem ist verständlicherweise von Angst durchdrungen, das Kind zu verlieren. Atmen und Angst gehen eine enge Verbindung ein. *Pulsatilla* ist hier eines der Hauptmittel, um diese verhängnisvolle Verbindung zu lösen. Weitere Heilmittel können *Aconitum, Bellis perennis, Lilium tigrinum, Cimicifuga, Ignatia, Sulphur* oder *Calcium carbonicum* sein, je nachdem, wie sich beim Patienten Atmen und Angst manifestiert haben.

Wird eine Mutter von einer Schwangerschaft überrascht, stellt sich das meistens im dritten Schwangerschaftsmonat heraus. Je nachdem, wie die Mutter darauf reagiert – Ablehnung oder Bejahung der Schwangerschaft – kann sich eine Verunsicherung im Bewusstsein des Fötus manifestieren. Bewährte Mittel dafür sind *Belladonna, Sepia* oder *Sabina*. Ist die Mutter über längere Zeit unsicher, ob sie das Kind austragen soll, wird ihr Atem automatisch klein und verhalten.

Folglich bekommt das Kind auch weniger Sauerstoff. Ich kenne einige „Frischluftfanatiker", die das physisch-psychische Problem im Mutterleib erlebten. *Pulsatilla* und *Gelsemium* halfen, diese Verhaftung aufzugeben und einen starken Eigenatem zu entwickeln mit der Botschaft: „Ich habe genügend Luft zum Atmen." Auch Apnoe und Atemnot durch Übergewicht hat häufig als Ursache eine starke Verhaftung an den Mutteratem. In diesem Fall liegt eine tuberkuline oder skrofulöse miasmatische Diathese bei Mutter und Kind vor. Dann sind *Phosphorus* und *Tuberculinum*, *Scrophularia nodosa* und *Silicea, Calcium carbonicum* oder *Sulphur* die Hauptmittel, die bei der Lösung vom Mutteratem in Betracht gezogen werden sollten.

Gegen Ende der Schwangerschaft kann vor allem ein kräftiges, großes Kind der Mutter körperliche Beschwernisse bescheren, so dass sie ruhelos, gereizt und ungeduldig wird. Wird das zu einem Verhaltensmuster, überträgt es sich über den Mutteratem auf das Kind.

Ich hatte zum Beispiel Patienten, die darüber klagten, dass sie immer nur kurz vor einer Entscheidung, vor einer Prüfung, vor der Abgabe einer Facharbeit oder vor einem wichtigen Gespräch von unerklärbarer Angst und Unruhe überfallen wurden. Es handelte sich nicht um das übliche Lampenfieber oder die normale Aufregung vor einem Schritt in neues geistiges Terrain, denn diese Patienten waren „gestandene" Persönlichkeiten, die die Herausforderung auch meisterten. Es waren also weder Versagensängste noch Versagen im Spiel. Die Lösung des Rätsels war die beschriebene Phase der Unrast und Ungeduld der Mutter im achten oder neunten Schwangerschaftsmonat. *Thuja, Arsenicum album, Colchicum autumnale* (Herbstzeitlose) und *Collinsonia canadensis* (kanadische Grießwurzel, Lippenblütler) sind hochbewährte Arzneien, um diese Phase zu befrieden. Besonders *Collinsonia* ist hervorragend geeignet, wenn bei der Mutter ein cholerisches Temperament vorliegt und sich beim Kind dies später in Störungen des Pfortaderkreislaufs, plethorischem Aussehen, Kongestionen, Blutandrang im Kopf bei geringster emotionaler Belastung manifestiert. Chronische Obstipation mit krampfartigen Schmerzen bei der Stuhlentleerung oder Krämpfe beim Blähungsabgang können im übertragenen Sinne Widerspiegelungen des beschwerlichen Befindens kurz vor der Geburt sein. Auch bei früher Venenerweiterung richte ich mein Augenmerk auf die vor- und nachgeburtlichen Geschehnisse beim Patienten und stoße dabei auf die beschriebene Problematik, die ganzheitlich mit *Collinsonia* gut behandelt werden kann. Krampfadern bei jungen Menschen sollten nicht einfach auf eine genetische Anlage reduziert werden. Meistens steht dahinter der beschriebene Konflikt und, wird er gelöst, löst sich auch die Übernahme. Der Patient kann nun für sein eigenes Venensystem bzw. Gefäßsystem Verantwortung übernehmen und Venenleiden überflüssig machen.

7

Mechthild Scheffer

Die Unterstützung durch Bach-Blüten bei der Ablösung vom Mutteratem

Für die Ablösung vom Mutteratem und die Erweckung des Eigenatems ist die Bach-Blütentherapie ein ideales Werkzeug. Richtig ausgewählte Bach-Blüten helfen, eingefleischte, hindernde Denk- und Verhaltensmuster oder Überlagerungen aufzulösen. Dabei können in einem individuellen Bach-Blütengespräch theoretisch fast alle Bach-Blüten ermittelt werden. Besonders häufig werden nach meiner Erfahrung unter anderem *Pine* (die Blüte der Selbstakzeptanz), *Chicory* (die Beziehungsblüte), *Larch* (die Selbstvertrauensblüte) und *Heather* (die Identitätsblüte) gebraucht.

Man kann aber auch übergreifende kollektive Muster ansprechen, die im Bewusstsein und Unterbewusstsein von sehr vielen Menschen verankert sind und ihre Transformation mit Bach-Blüten energetisch unterstützen.

Das bei der Ablösung vom Mutteratem vielleicht wichtigste kollektive Muster, das sich in Bach-Blütenkonzepten ausdrücken lässt, werde ich hier vorstellen und erläutern, wie man bei seiner Transformierung vorgehen kann.

Doch vorab zur Orientierung eine kurze Definition der Bach-Blütentherapie.

Der englische Arzt Edward Bach, 1886 – 1936, wurde zwar von Zeitgenossen als der Hahnemann unserer Tage bezeichnet, erweist sich aber in seinem ganzheitlichen, kosmisch orientierten Denkansatz eher als ein geistiger Erbe von Paracelsus. Insider betrachten ihn als Neubegründer der westlichen spirituellen Medizin, eine Tatsache, die aber besonders in Fachkreisen noch ihrer Entdeckung harrt.

Seine aus den Blüten wild wachsender Pflanzen homöopathieähnlich aufbereiteten Bach-Blütenessenzen haben die einzigartige Fähigkeit und das erklärte Ziel, unsere Verbindung zu unserem höheren Selbst (oder der inneren Führung) herzustellen – und zwar in den Momenten unseres Lebens, in denen wir diese Verbindung noch nicht aufgebaut haben, selbst blockieren oder vorübergehend verloren haben. In diesen Situationen, so schreibt Edward Bach, „reicht uns die Natur eine helfende Hand“.

Die Ursachen für diese Selbstblockaden sind laut Bach so genannte „geistige Missverständnisse“, welche durch Fehlinterpretation oder das Ignorieren geistiger Gesetze entstehen. Durch die Aufklärung dieser geistigen Missverständnisse gewinnt der Mensch eine neue geistige Erkenntnis und durch die energetischen Impulse der entsprechenden harmonisierenden Blütenessenzen bekommt er die seelische Kraft, diese Erkenntnisse auch in die Tat umzusetzen.

Darin besteht die Einzigartigkeit der Bach-Blütentherapie: Sie verbindet die zwei wesentlichen Ebenen der menschlichen Existenz. Auf der Ebene der menschlichen Sinnsuche und der geistigen Werte bietet das präzise System der 38 Blütenkonzepte ideelle Orientierung und Führung; auf der materiellen Ebene gibt die Bach-Blütenmischung dem Menschen buchstäblich etwas in die Hand, das ihm die Energie gibt, geistige Erkenntnisse und Entscheidungen in die Tat umzusetzen.

Fokus der Bach-Blütentherapie ist also die Nahtstelle zwischen unserer Seele (wahres Selbst) und unserer irdischen Persönlichkeit, die den Lebensplan der Seele in ihrer Inkarnation verwirklichen möchte. Dieses gelingt, wie wir gelesen haben, umso besser, je mehr man über seinen Eigenatem verfügt.

In welchen Aspekten unterscheidet sich die Bach-Blütentherapie von der Homöopathie?

Die homöopathischen Gemütssymptome erfassen das beobachtete Verhalten von Patienten während einer körperlichen Erkrankung auf verschiedenen Ebenen. Das Arzneimittelbild von *Nux vomica* beispielsweise nennt folgende Gemütssymptome: Sehr reizbar, empfindlich gegen alle Eindrücke, hässlich, boshaft, Geräusche, Gerüche, Licht usw. werden nicht ertragen; Angst vor Berührung; Zeit vergeht zu langsam; sogar die geringsten Beschwerden beeinträchtigen sehr; Neigung zu Vorwürfen; mürrisch, nörgelig.

Die negativen Seelenzustände der Bach-Blütentherapie beschreiben hingegen die durch Missverständnis geistiger Gesetze entstandenen Zerrformen von seelischen Grundeigenschaften der menschlichen Natur. Die Zerrform von Vertrauen ist beispielweise Skepsis, die von Tapferkeit Ängstlichkeit usw. Diese menschlichen Eigenschaften haben jeweils Repräsentanten in der Pflanzenwelt. Deren harmonische Energiefelder können mit den betreffenden verzerrten Teilen des menschlichen Energiefeldes in Resonanz treten und diese mit ihren harmonischen Schwingungen überlagern. Bach nannte diesen Prozess „Reharmonisierung".

Dem Ähnlichkeitsprinzip der Homöopathie steht also in der Bach-Blütentherapie das Prinzip der Reharmonisierung gegenüber. Ist ein Blütenmittel unzutreffend gewählt, besteht also an dieser Stelle kein Reharmonisierungsbedarf, kommt es auch zu keiner energetischen Beeinflussung. Das erklärt auch, warum es in der Bach-Blütentherapie kein Antidot geben muss. Da Bach nur Pflanzen mit einer spezifischen „Aufgabenstellung" wählte, nämlich die „happy fellows of the Plant World", die alle problemlos miteinander kombinierbar sind, gibt es nur „Freunde", aber keine „Feinde" in der Bach-Blütentherapie.

Bach-Blüten auf dem Weg in die Selbstverwirklichung

Abb. 31 Red Chestnut – die Abnabelungsblüte

Unter den 38 Bach-Blütenkonzepten beschreiben drei Blüten Schritte, die wohl bei jedem menschlichen Wesen im Ablösungsprozess vom Mutteratem zum Tragen kommen: Abnabeln – ins Eigene kommen – die Vergangenheit zurücklassen.

Red Chestnut unterstützt den Prozess „von der Symbiose zur Eigenständigkeit".

Das geistige Missverständnis, das es hier zu erkennen gilt, lautet: „So lange ich nicht eigenständig bin, habe ich keine eindeutige Verbindung zu meiner eigenen inneren Führung und empfange keine eindeutigen Signale für meinen Lebensweg."

In unserem Falle gilt es zu realisieren, dass man zwar bisher in einer Symbiose lebte, die auch ihre Berechtigung hatte, dass diese Zeit jetzt aber vorbei ist. Denn das ist die erste und wichtigste Voraussetzung, um überhaupt eigenständig zu werden.

Red Chestnut hilft, eine symbiotische Verbindung zu entzerren, so dass sich ein natürlicher Abstand zwischen den Beteiligten herstellen kann. Dabei ist es egal, von welchem der Beteiligten dieses symbiotische Festhalten ausgeht. Darum kann es in der Praxis sinnvoll sein, dass auch beide – z. B. Mutter und Tochter – *Red Chestnut* einnehmen.

Die Blüteneinnahme kann mit dem Memorieren der Kraftformel von *Red Chestnut* nachhaltig unterstützt werden. Die Kraftformel jeder Blüte beschreibt, wie man sich im harmonischen Zustand fühlt.

Kraftformel *Red Chestnut*:

Ich bin bei mir.
Ich bleibe bei mir.
Ich bin ich / du bist du.

Die Blüte *Red Chestnut* fördert die Fähigkeit zur Abgrenzung, die Entflechtung von Gefühlsverstrickungen und Abhängigkeiten, den Aufbau der eigenen Persönlichkeitsgrenzen.

Abb. 32 Walnut – die Verwirklichungsblüte

Den zweiten Ablösungsschritt beschreibt die Blüte *Walnut*, die Verwirklichungsblüte. Sie unterstützt den Prozess „von Beeinflussbarkeit zur inneren Festigkeit".

Das geistige Missverständnis, das hier zu erkennen ist, lautet: „Wenn ich meinen ureigenen Weg gehen will, muss ich mir selbst treu bleiben. Ausschließlich meine innere Stimme kann mir ganz genau sagen, welche Schritte wann angebracht sind."

Hat man sich zur Aufgabe der Symbiose (*Red Chestnut*) entschlossen und auf den Weg in den Eigenatem gemacht, betritt man geistig und seelisch Neuland. Da man aber noch keine eigenen stabilisierenden Erfahrungen sammeln konnte, wird man leicht von den bewährten Prägungen des Mutteratems wieder eingeholt: Falsche Rücksichtnahme auf die Familie, herrschende Konventionen, einmal abgegebene Versprechen, die Einwände von Fachautoritäten und Ähnliches lassen einen immer wieder wankelmütig werden.

Interessant in diesem Zusammenhang sind auch die in diesem Buch dargelegten Überlegungen zu frühzeitigen Impfungen, welche die Entwicklung des Immunsystems behindern. Auch ein Impfstoff kann eine „fremde Autorität" darstellen.

Kraftformel *Walnut*:

Ich bin mir sicher.
Ich bleibe mir treu.
Ich gehe meinen Weg.

Die Blüte *Walnut* fördert am Beginn einer neuen Lebens- oder Entwicklungsphase die innere Unabhängigkeit, innere Festigkeit und Charakterstärke.

Den dritten Ablösungsschritt beschreibt *Honeysuckle*, die Vergangenheitsblüte.

Sie unterstützt den Prozess „vom Damals zum Jetzt".

Hat man sich nun abgenabelt und schreitet auf seinem eigenen Weg voran, so tauchen immer wieder – meist positive – Bilder aus der Vergangenheit auf. Dann neigt man dazu, seine gegenwärtige Situation mit den Maßstäben der Vergangenheit zu bewerten.

Der geistige Irrtum, der jetzt erkannt werden muss, lautet: „Wenn ich die Gegenwart mit den Maßstäben der Vergangenheit messe, schneide ich die Verbindung zu meiner inneren Führung ab und komme auf meinem Lebensweg nicht mehr voran."

Hier ist es wichtig zu erkennen, dass der Lebensweg nur vom Jetzt in die Zukunft führt, denn das Leben geht immer weiter. Ich kann meine Vergangenheit weder verändern noch zurückholen, ich kann sie nur immer wieder loslassen und die dadurch frei werdende Energie für die Bewältigung meiner gegenwärtigen Aufgaben nutzen.

Kraftformel *Honeysuckle*:

Ich lebe heute.
Ich blicke nach vorn.
Ich tue den nächsten Schritt.

Die Bach-Blüte *Honeysuckle* fördert die Orientierung in der Gegenwart und die realistische und konstruktive Verarbeitung vergangener Ereignisse.

Die mentale Abwärtsspirale

Die drei oben beschriebenen Bach-Blütenkonzepte bilden eine Kette von Reaktionen, die aufeinanderfolgen und sich gegenseitig verstärken. Sie können sich zu einer mentalen Abwärtsspirale entwickeln, welche die Ablösung vom Mutteratem immer wieder blockiert.

Abb. 33 Honeysuckle – die Vergangenheitsblüte

Diese unbewusste Gedankenkette könnte so aussehen:

- Die Verbindung mit meinem Mutteratem gibt mir existenzielle Sicherheit, denn ich brauche nicht in allen Situationen die alleinige Verantwortung zu übernehmen (*Red Chestnut*),
- ... deshalb lasse ich mich durch gut gemeinte Ratschläge anderer Menschen immer wieder verunsichern und zögere dadurch den nächsten fälligen Schritt immer wieder hinaus (*Walnut*),
- ... wäre es nicht vielleicht besser, alles beim Alten zu lassen? Da weiß ich wenigstens, was ich habe (*Honeysuckle*),
- ... das gibt mir mehr Sicherheit (*Red Chestnut*),
- ... vielleicht haben die anderen ja recht? (*Walnut*),
- ... ich halte lieber am Bewährten fest (*Honeysuckle*) ...

Von der Abwärtsspirale zur Aufwärtsspirale

Diese Abwärtsspirale lässt sich nun durch die Erkenntnis des geistigen Missverständnisses der drei Blüten in eine Aufwärtsspirale verwandeln. Dabei fängt man mit dem dritten Muster – hier *Honeysuckle* – an. Die beiden anderen Muster brechen dann häufig im Dominoeffekt von selbst zusammen.

Der Gedankengang der Aufwärtsspirale könnte lauten:

- Ich erkenne, dass ich in jedem Fall nach vorne sehen muss, um meinen Lebensweg zu gehen (*Honeysuckle*)
- ... und dass dabei meine innere Führung mein einzig kompetenter Ratgeber ist (*Walnut*),
- ... dadurch erübrigt sich die Symbiose mit meinem Mutteratem praktisch von selbst (*Red Chestnut*),
- ... nun habe ich mehr freie Energie, um meine Zukunft zu gestalten (*Honeysuckle*),
- ... ich kann die anstehenden Entwicklungsschritte ungehindert vollziehen (*Walnut*)
- ... und kann unser Familienfeld sogar um neue, eigenständige Beiträge bereichern (*Red Chestnut*).

Aus den Kraftformeln der drei Blüten kann man sich jetzt eine neue, persönliche, dreistufige Kraftformel zusammenstellen. Aus den insgesamt neun Kraftsätzen der drei Blüten wählt man nun insgesamt die drei aus, von denen man sich persönlich am stärksten angesprochen fühlt, zum Beispiel:

Ich bin bei mir. (*Red Chestnut*)

Ich bleibe mir treu. (*Walnut*)

Ich tue den nächsten Schritt. (*Honeysuckle*)

Diese persönliche Kraftformel kann bei der Einnahme der Blütenmischung memoriert werden. Man kann sie sich auch auf einen Post-it schreiben und an den Spiegel kleben. Nach einigen Tagen kann man die Kraftformel bei Bedarf modifizieren, indem man z. B. einen Satz austauscht und durch einen anderen ersetzt, der sich jetzt besser anfühlt, zum Beispiel:

Ich bin mir sicher. (*Walnut*)

oder

Ich bleibe mir treu. (*Walnut*)

Ich tue den nächsten Schritt. (*Honeysuckle*)

Es ging mir darum, deutlich zu machen, wie sich mit den Bach-Blüten destruktive, oft auch unbewusste Verhaltensmuster auflösen lassen und die Entwicklung der eigenen angelegten Potenziale „maßgeschneidert“ unterstützen lässt. Die Lösung vom Mutteratem und der Schritt in den eigenen schöpferischen Atem schien mir ein ideales Thema, die Tiefenwirkung der Bach-Blütentherapie ins Bewusstsein zu rücken.

8

Die Erweckung des Eigenatems durch rhythmische Atemübungen

Nachdem die Methodik des Aufstellens klar geworden ist, widmen wir uns jetzt dem wichtigsten Part, der Bewusstwerdung und Stabilisierung des Eigenatems. Die Selbstverwirklichung beginnt auf der Basis des freien „Rundumatems" physisch und im übertragenen Sinne. Hier sollten wir verweilen und den verschiedenen Atemübungen gebührende Aufmerksamkeit schenken. Sie können zwar nur bedingt beschrieben werden und verlangen unbedingt eine praktische Unterweisung, aber es inspiriert zu wissen, welche Möglichkeiten einem offenstehen. Damit greife ich den Faden auf, den ich schon in den vorausgehenden Kapiteln ausgelegt habe: die Anwendung rhythmischer Atemübungen. Ihre Wurzeln liegen in der Atemkunst des altindischen Prāṇāyāma. Viele ihrer Aspekte bildeten auf dem Weg nach Asien und in den Westen die Basis spiritueller Schulungswege. Die einzige westliche Ausprägung einer Atemkunst entstand im Kaukasus und nannte sich „Kaukasischer Yoga", dessen Spuren sich allerdings im mythischen Dunkel verlieren. Die rhythmischen Atem- und Drüsenübungen erlebten im 19. Jahrhundert im Zuge neuer Gesundheitslehren eine unerwartete Renaissance. Die vergleichenden Studien, wie der Prāṇāyāma ursprünglich im indotibetischen Kulturraum und später im iranischen, kaukasischen und schließlich europäischen Raum praktiziert wurde, lässt die gleichen grundlegenden Merkmale erkennen. Ursprünglich wurden Trommeln verwendet, die dem Übenden ein langsames Zeitmaß vermittelten, in dem ein- und ausgeatmet wurde. Diese Tradition blieb in Ostasien in der traditionellen Schulung des Zen-Buddhismus insofern erhalten, als während der Tage intensiver Schulung (Sesshin) nachmittags ein langsamer Trommelrhythmus die Übenden vitalisierte. Dahinter stand die Erkenntnis, dass nachmittags leicht Müdigkeit auftaucht und dadurch auch schnell der Blick nach hinten gerichtet wird. Das bedeutet aber auch die Schwächung des eigenen Atems und die Gefahr des Rückfalls in den Mutteratem. Indem langsame, rhythmische Trommelmusik erklingt, findet man wieder in seinen Atem in der Meditationsübung zurück und überwindet die Müdigkeitsphase auf natürliche Weise. Die mehr oder minder starke Müdigkeit am Nachmittag ist jedem auch außerhalb einer spirituellen Schulung vertraut. Heute setzen wir etliche Tassen Kaffee ein, um den „toten Punkt" zu überwinden. Ein paar Atemübungen wären eine gute Alternative!

Abb. 34 Rhythmische Trommelmusik

Später auf der Wanderung der Yoga-Traditionen nach Westen wurden Vokal- und

Instrumentalwerke eigens komponiert oder aus dem Schatz der europäischen Musikkultur für die rhythmischen Atemübungen ausgesucht. Der Kaukasische Yoga wurde von vielen Gesundheitslehrern in Amerika und Europa aufgegriffen, in die eigene Weltanschauung integriert und gemäß der damaligen Gepflogenheit, keine Quellen anzugeben, als eigene Schöpfung deklariert. Letztlich spielt das für uns heute keine Rolle. Wichtig ist, dass die Übungen überliefert sind und wir sie nutzen können für so etwas Zentrales wie die Gesunderhaltung und Erweckung des Eigenatems.

8.1 Rhythmische Atemübungen im Sitzen, Stehen und Knien

Die Erweckung des Eigenatems beginnt mit der Verlängerung des Ein- und Ausatmens. Hierbei wird der solare oder lunare Atemschwerpunkt berücksichtigt. Ich wiederhole noch einmal an dieser Stelle das Atemprinzip:

Solar: INTENSIVES AUSATMEN – entspanntes Einatmen

Lunar: Entspanntes Ausatmen – INTENSIVES EINATMEN

1. Die Verlängerung des Ausatmens

Setzen Sie sich aufrecht auf einen Stuhl. Legen Sie die Zunge auf den Mundboden, entspannen Sie die Kiefergelenke.

Atmen Sie so langsam wie möglich aus und halten den ausgeatmeten Zustand 4 Sekunden lang an. Dann lassen Sie die Luft einströmen. Wiederholen Sie diese Übung 5 Mal.

2. Die Verlängerung des Einatmens

Atmen Sie so langsam wie möglich ein und halten den eingeatmeten Zustand 4 Sekunden lang an. Dann lassen Sie die Luft ausströmen. Wiederholen Sie diese Übung 5 Mal.

Nun folgen die eigentlichen rhythmischen Atemübungen, die wiederum gemäß dem solaren oder lunaren Atemprinzip ausgeführt werden. Dazu benötigen Sie die Übungs-CD[5] „Spirituelle Heilkunst". Da die rhythmischen Atemübungen in Band 2 „Der Atem – Schlüssel zum Lebensrhythmus" von Harald Knauss[6] ausführlich beschrieben sind, möchte ich an dieser Stelle nur den grundsätzlichen Ablauf nennen und durch Bilder dokumentieren.

1. Rhythmische Atemübung

Wählen Sie hierzu das erste Musikbeispiel der Übungs-CD „Spirituelle Heilkunst" (3:39 Minuten). Im Sitzen auf 8 Zählzeiten einatmen und auf 8 Zählzeiten ausatmen. Zur Wand gewandt sitzen, die Augen geöffnet und auf einen Punkt gerichtet.

2. Rhythmische Atemübung

Auch für diese Übung wird das erste Musikbeispiel verwendet. Im Stehen auf 8 Zählzeiten einatmen, dabei die Fäuste

5 Im Narayana Verlag erhältlich.
6 Siehe Literaturverzeichnis.

Abb. 35 Zweite rhythmische Atemübung im Stehen

Abb. 36 Zweite rhythmische Atemübung beim Einatmen

Abb. 37 Zweite rhythmische Atemübung beim Ausatmen

Abb. 38 Dritte rhythmische Atemübung beim Einatmen vorbeugen

Abb. 39 Dritte rhythmische Atemübung Einatmung halten

Abb. 40 Dritte rhythmische Atemübung beim Ausatmen aufrichten

ballen und auf den Zehenstand gehen. Auf 8 Zählzeiten ausatmen, dabei die Hände entspannen und auf den Sohlenstand zurückkehren.

3. Rhythmische Atemübung

Für diese Übung benutzen Sie das 3. Musikbeispiel der CD (4:25 Minuten). Im Sitzen auf 8 Zählzeiten einatmen, dabei sich langsam nach vorne neigen, den Einatem auf 4 Zählzeiten halten. Dann auf 8 Zählzeiten ausatmen.

4. Rhythmische Atemübung

Diese Übung wurde bisher noch nicht beschrieben. Deshalb verdient sie eine besondere Aufmerksamkeit. Es werden zwei Stöcke benötigt, etwa zwei Besenstiele. Man kniet sich auf eine Matte und hält die Stöcke aufrecht mit ausgestreckten Armen in Schulterbreite vor sich. Auf 8 Zählzeiten des Einatmens werden die Stöcke fest umfasst. Auf 8 weitere Zählzeiten wird der Atem gehalten. Dann wird auf 8 Zählzeiten ausgeatmet, wobei sich die Hände entspannen und die Stöcke locker in den Händen gehalten werden. Es folgen

Abb. 41 Atemübung mit beiden Stöcken

8 Zählzeiten, bei denen der ausgeatmete Zustand gehalten wird. Bei der Übung ist darauf zu achten, dass die Schultern gesenkt bleiben!

Der Atemrhythmus ist somit: 8 ein – 8 halten – 8 aus – 8 halten. Diese Sequenz wird 3 Mal wiederholt; dann folgen die natürlichen Atemzüge, die als Erholung empfunden werden.

Diese Übung hat einen tiefen Sinn, denn die Stöcke stehen für die Vaterkraft, die Tatkraft, den inneren Halt und die innere Stärke. Dies kommt beim Einatmen und Atemhalten durch den festen Griff um die Stöcke zum Ausdruck. In dieser Phase wird auch durch das Knien elektrische Energie aufgebaut. Dieser dynamischen männlichen Kraft steht die weibliche rezeptive gegenüber, in der Übung ausgedrückt durch das lockere Halten der Stäbe beim Ausatmen und Halten des ausgeatmeten Zustandes. In dieser Phase strömt magnetische Energie ein; sie wird förmlich angesaugt. Der rhythmische Atemfluss bringt beide Aspekte zu einer Synthese, die sich in einer deutlichen Atemerweiterung und Atemvertiefung äußert. Es ist nämlich gar nicht so einfach, die Übungssequenz 3 Mal auszuführen. Es zeigen sich noch „Restbestände" des Mutteratems oder noch bestehende Schwächen des Eigenatems, wie zu schnelles Einatmen oder das Gefühl von Atemnot beim Halten des ein- oder ausgeatmeten Zustandes.

Bei dieser Atemübung vermittle ich, wie die Rippen bewusst beim Halten des Ein- und Ausatems gespreizt werden. Dadurch werden einerseits die Körperorgane oberhalb und unterhalb des Zwerchfells massiert und besser durchblutet und andererseits die beiden anderen Zwerchfelle im Schädel und Beckenboden kräftig aktiviert. Als heilsamer Nebeneffekt schwinden auch noch die (restlichen) Ängste vor

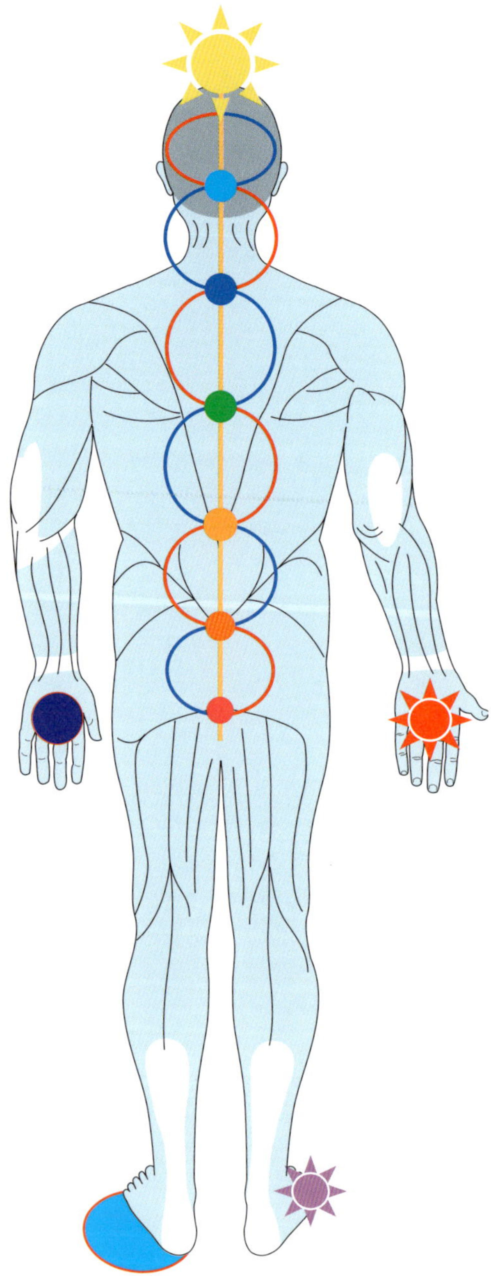

Abb. 42 Die drei Ateminstanzen

Atemnot. Alle Formen von Atemnot sind übrigens Zeichen der Verhaftung an den Mutteratem. Wir richten in der Therapie viel zu sehr den Fokus auf die vielen verschiedenen Krankheitssymptome, die sich daraus ergeben. Die Ursache, den Mutteratem, kann man jedoch nicht durch Arzneien lösen, sondern durch den hier beschriebenen Prozess, den Eigenatem bewusst zu machen und zu vertiefen. Das ist die eigentliche Bewusstseinsänderung.

8.2 Basisübungen des Prāṇāyāma

Die zweite Art des rhythmischen Atmens entlehne ich der altehrwürdigen Atemkunst, dem Prāṇāyāma. Es gibt vier Atemübungen, die sich bei der vorliegenden Thematik als sehr wirksam erwiesen haben. Sie basieren auf der bereits erwähnten Erkenntnis, dass es einen solaren oder Sonnenatem und einen lunaren oder Mondatem gibt, der in Bezug zur Erde steht. Dafür haben die altindischen Weisen drei Begriffe und bildliche Darstellungsweisen überliefert. Schauen wir uns dazu die Zeichnung links an.

Die Atemströme oder die drei Instanzen des Atems sind bewusst auf der Rückseite des menschlichen Körpers dargestellt, da von hier aus auch die stärkste Ausstrahlungskraft der Energiezentren (Cakras) wirksam ist. Die mittlere Achse entspricht auf der Körperebene der Wirbelsäule, dem „Lebensstab". Auf der geistigen Ebene entspricht er dem Mutter- oder Erdatem in einem höheren Sinne, nämlich einerseits dem Schöpfungsprinzip, das ewig während, unendlich ist, in östlichen Schulungswegen als die „GROSSE LEERE" bezeichnet, aus der alles hervorgeht und in die alles zurückkehrt. Andererseits entspricht er dem Schöpfungsprinzip, das sich durch inkarnierte und atmende Geschöpfe offenbart. Hier gehört die Erkenntnis hin – „Atem ist Leben".

Um diese mittlere Achse winden sich zwei gegensätzliche Fließkräfte, der Sonnenatem von oben nach unten durch das Ausatmen und der Mondatem von unten nach oben durch das Einatmen. So bildet sich eine stehende Welle. Wir kennen dieses Phänomen von der DNS-Doppelspirale und vom „Global Scaling" der modernen Atomphysik. Diese innere Achse nannten die Inder „suṣumṇā", was wörtlich übersetzt „Kopfader" heißt. Im Sanskrit gibt es den interessanten Begriff „suṣita": leichte, gute Geburt ohne Zeugung, der auf die spirituelle Bedeutung des zentralen Energiekanals hinweist.

Rückblickend auf das Thema dieses Buches wird an dieser Stelle auch noch einmal deutlich, dass der Mutteratem auch mit dem höchsten Aspekt des Schöpfungsatems verbunden ist und es daher keinen Grund gibt, ihn negativ zu bewerten. Die Notwendigkeit der Loslösung bezieht sich nur auf den Atem der leiblichen Mutter. Was in uns fortwährt, ist der unsterbliche Anteil, der „leere Atem" der universalen Schöpferkraft.

Um die mittlere goldfarbene Achse (Abb. 42) winden sich zwei Atemströme. Die rote Schlangenlinie symbolisiert den Sonnenatem, der ein Leben lang von oben nach unten und wieder herauf strömt. Er wird dem Feuerelement zugeordnet. Das solare oder elektrische nach außen dringende Atemprinzip ist die männliche Kraft und entspricht in der physischen Atmung dem (langen) Ausatmen. Die beiden Umkehrpunkte der Fließrichtung des energetischen Atemstromes sind unten das Steißbein (Basis-Cakra) und oben der Scheitel (Kronen-Cakra).

Im indischen Prāṇāyāma wird die solare Atemenergie des Ausatmens „piṅgala" genannt, was wörtlich im Sanskrit viele verschiedene Bedeutungen haben kann: rotbraun, Feuer, Bein des Gottes Śiva, ein Trabant des Sonnengottes. Symbolisch ist der feurige Aspekt des solaren Atems gemeint. In allen asiatischen Kulturen wählte man dafür auch das Bild des Drachens, der Feuer speit.

In Abb. 42 sehen wir schließlich auch noch eine blaue Wellenlinie. Sie steht für den lunaren oder Mondatem, der ein Leben lang von unten aufsteigt und wieder herab fließt. Auch seine Umkehrpunkte sind das Steißbein und der Scheitel. Er symbolisiert das weibliche rezeptive, magnetische Atemprinzip.

Im Prāṇāyāma wird die lunare Atemenergie des Einatmens „iḍā" genannt. Wörtlich übersetzt kann das heißen: Labung, Spende, Göttin der Andacht, Erde. Gemeint ist die weibliche Kraft, die eng mit der Erde verbunden ist.

Die Symbolik der Dreiheit ist auch in unserer Kultur vorhanden, zum Beispiel im

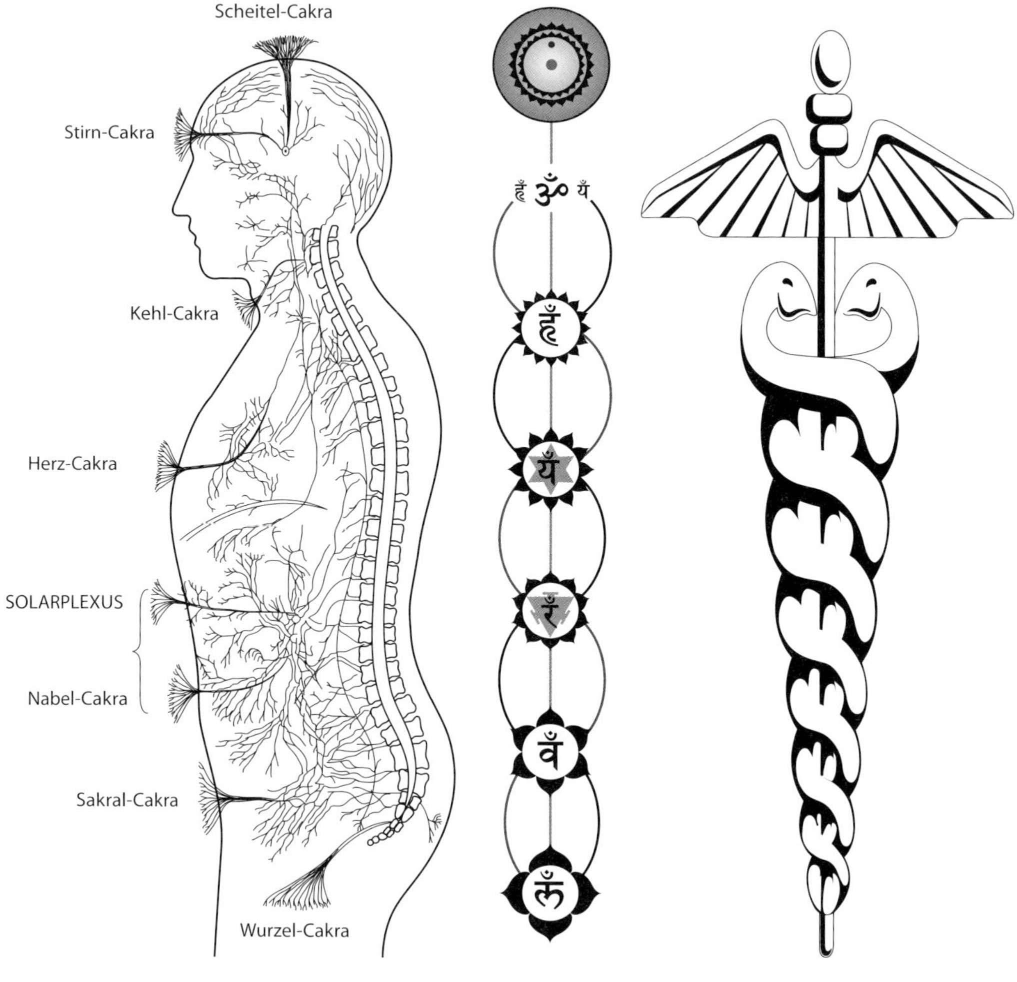

Abb. 43 Cakras, die drei Atemströme und Äskulapstab

Äskulapstab, dem Sinnbild der ganzheitlichen Heilkunst. Hier eine Gegenüberstellung altindischer und europäischer Symbolik.

Bevor ich zu den Prāṇāyāma-Atemübungen übergehe, möchte ich noch etwas Grundsätzliches zur altindischen Atemkunst sagen. In der Esoterikszene wird viel von Prāṇa gesprochen. Manche sagen, man könne es essen oder einatmen, manche wollen ausschließlich davon leben können. Wie dem auch sei. Ich gehe immer zuerst von der wörtlichen Übersetzung aus, da sie den Weg zum Verständnis besser ebnet, als wenn man eine populäre Bedeutung verwendet.

Das Sanskritwort „prāṇa" hat mehrere Bedeutungen: Hauch, Atem, die eingeatmete Luft, Leben, Lebensgeist, Hauch des Windes, einer der zehn Lebenshauche, das Leben in einem Gedicht, Nase-Mund-Augen-Ohren. Es kommt also auf den Zusammenhang an, in dem der Begriff steht. Die gängigste Übersetzung ist Lebensenergie, die durch das Atmen frei wird, also die Atemenergie, die im Ein- und Ausatmen wirksam werden kann und mehr ist als der physische Atem. Selbstverständlich gingen hierbei die Inder von einem bewussten Atmen aus.

Der Begriff „Prāṇāyāma" wird oft mit „Atemkontrolle" übersetzt. Aber das ist viel zu eng gefasst, denn das Wort ist nicht aus „Prāṇa" = Atem und „yāma" = Zügelung, Beherrschung zusammengesetzt, sondern aus „Prāṇa" = Atem und „ayāma" = Länge, Erweiterung, Ausdehnung, Anschwellung. Nun ergibt sich eine ganz andere Dimension. Prāṇāyāma bedeutet die Erweiterung des normalen Atems. Die Prāṇa-Energie strömt in Piṅgala und Iḍā durch das fortwährende Ein- und Ausatmen. Durch die Rhythmisierung des Atmens wird allmählich die Atemenergie auf den mittleren Energiekanal Suṣumṇa übertragen und durch diese Synthese entsteht die Verschmelzung von spiritueller Atemenergie und spirituellem Bewusstsein. In der indischen Atemkunst spricht man vom „Aufblühen in der ganzen Fülle", wenn diese energetische Vereinigung der drei Atemströme stattgefunden hat. Erst jetzt erreicht man den wahren Eigenatem. Aber auch das ist noch nicht das Ende möglicher Atemkraftentfaltung = Bewussteinsentfaltung:

Prāṇāyāma übt man am Anfang zur Zügelung und zur Entwicklung des Prāṅa. Diesen treibt man dann in die Sushumṇa, wobei man die vor dem Eingang … liegende Kuṇḍalinī aufscheucht. Wenn Prāṅa aus Iḍā und Piṅgala gewichen ist, „sterben" diese ab und … durchdringt dann der in der Sushumṇa fließende Prāṅastrom die … sechs Chakras und wird schließlich in den Großen Atem aufgelöst (laya): das entscheidende und ersehnte Endziel dieses ganzen Prozesses.

Arthur Avalon,
Die Schlangenkraft

Das klingt sicher kompliziert für den Unkundigen des Prāṇāyāma. Wenn ich die Aussage aber auf unser Verständnis heruntertransformiere, ergeben sich folgende Zusammenhänge, die ich mit Abb. 44 verdeutlichen möchte:

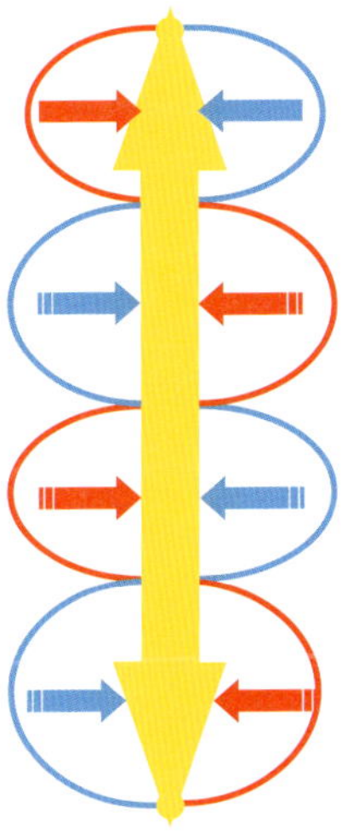

Abb. 44 Die Synthese der drei Atemqualitäten

In der Mitte ist wieder der Erdatem bzw. unendliche Fluss des Schöpferatems dargestellt. Der elektrische Ausatemstrom und der magnetische Einatemstrom erhalten ihre Qualität und Kraft durch den Eigenatem, genährt durch rhythmische Atemübungen. Diese beiden Ströme nähren den mittleren Kanal des Schöpferatems und erschaffen dadurch einen Potenzialraum. Dieser wächst heran und bildet Energieknotenpunkte. Was in der Zeichnung wie ein Schnittpunkt der roten und blauen Linie aussieht, ist in Wirklichkeit ein dreidimensionales Geschehen wie bei der DNS-Doppelspirale. Was wir heute nur unter dem Mikroskop sichtbar machen können, war den Vertretern der Cakra-Lehre und des Prāṇāyāma aufgrund ihrer Schau in die menschlichen Energiekörper oder Energieebenen vertraut. Dort, wo sich die beiden Spiralen im Raum kreuzen, entstehen energetische „Brennpunkte". Die besonders starken erkannte man als Cakras, als feurig zentrifugal und zentripetal drehende „Räder". Hat der Potenzialraum eine bestimmte Energiedichte erreicht, tritt das Schöpfungsprinzip in Kraft: Es tritt etwas in Erscheinung. Auf der geistigen Ebene bedeutet das:

Durch die Atemübungen stabilisiert sich der Eigenatem, er wird immer kräftiger und plötzlich geschieht eine Inspiration, eine Erkenntnis. Sie ist in dem Maße tragfähig und erfolgreich in der Verwirklichung, wie der Eigenatem erstarkt ist. Die plötzliche Entladung des Potenzialraums in einem der großen oder kleinen Cakras vollzieht sich mit einer Art Quantensprung im Bewusstsein. Das geschieht nicht jeden Tag, weil die Verwirklichung einer Idee oder Erkenntnis Zeit und Raum braucht. Für die Verwirklichung steht genauso viel Energie zur Verfügung, wie nötig ist. Ist sie verbraucht – sie erfordert ja hundertprozentige Aufmerksamkeit und Sammlung der Kräfte – wird wieder ein Potenzialraum durch das Zusammenspiel von Sonnen-, Mond- und Erdatem aufgefüllt.

Indem gemäß der indischen Terminologie Piṅgala und Iḍā durch das fortwährende, bewusste Ein- und Ausatmen die Prāṇā-Atemenergie auf den mittleren Energiekanal Suṣumṇa übertragen, dieser energetisch aufgebaut wird und sich kreativ entlädt, entsteht auch hier ein Atemrhythmus. Vom Blickpunkt des Suṣumṇa-Kanals aus entspricht die Phase der Energieaufnahme durch Piṅgala und Iḍā dem Einatmen und die Entladung des Schöpferatems durch eine Inspiration oder mystische Erfahrung (Erleuchtung) dem Ausatmen. Genau dies finden wir auch in der indischen Kosmologie wieder, indem der Schöpfergott Braḥman einatmet, um die Welt zu erschaffen, und ausatmet, um sie wieder vergehen zu lassen. Die alten Inder rechneten schon lange vor unserer Zeitrechnung in riesigen Zeiträumen (Äonen) und erkannten in jedem Maß des Weltrhythmus den Atemrhythmus.

Wir ahnen vielleicht auf dem Hintergrund dieser Zusammenhänge die Dimension der Atemkunst, die in unspektakulären rhythmischen Atemübungen daherkommt, aber bei näherer Betrachtung und vor allem durch eigene ERFAHRUNG eine enorme Tiefe und Weitsicht besitzt.

Wollen wir bis zu diesem Punkt zusammenfassen:

Die erste Stufe des Eigenatems entfaltet sich durch einen bestimmten Rhythmus des Ein- und Ausatmens (solarer und lunarer Anteil). Das baut Atemenergie = Lebensenergie auf und erweitert dadurch das Bewusstsein. Die nächste Dimension eröffnet sich, wenn wir durch eine Form der Atemmeditation erleben, dass ES atmet. Ein- und Ausatmen werden nicht mehr als getrennte Ströme wahrgenommen. Man wird eins mit seinem Atem und überschreitet die Schwelle des von den Sinnen begrenzten Geistes. Das ist die Erfahrung der Vielfalt im Einen, die Auflösung aller dualistischen Phänomene. Über die Jahrtausende hinweg verband man diese Erfahrung mit dem Aufleuchten des Lichtwesens (Erleuchtung) in uns, das immer da ist, aber nun durch diese Erfahrung bewusst wird. Das Einswerden (laya) mit der GROSSEN LEERE ist das hehre Ziel aller spirituellen Schulungen, die auf der Atemenergie aufbauen. Nur behelfsmäßig lassen sich solche Prozesse in Worten ausdrücken.

Auch wenn wir diese Dimensionen nicht anstreben mögen oder einstweilen für unerreichbar halten, so ist es doch für uns westliche Menschen heilsam, einen Eindruck von der Atemkunst des Prāṇāyāma zu bekommen. Es relativiert die naiven Vorstellungen von Prāṇa in der populären Esoterikszene ebenso wie modische Schulungswege, die auf eine solide Atemschulung verzichten und irgendwelche Manipulationen an den Cakras verheißen. Wir kommen angesichts der gewaltigen Dimension der altindischen Atemkunst ganz nüchtern „auf den Teppich" zurück und fangen schlicht damit an, überhaupt unsere Atemenergie zu steigern. Damit sind wir vollauf über Jahre beschäftigt. Das soll uns nicht entmutigen, aber doch den typisch westlichen Hochmut etwas dämpfen.

1. Rhythmische Prāṇāyāma-Übung: Befreiung des Sonnenatems

Wählen Sie von der Übungs-CD „Spirituelle Heilkunst" das erste Musikbeispiel; es dauert 3:39 Minuten.

- Nehmen Sie eine bequeme Sitzhaltung ein, die Wirbelsäule aufgerichtet, die Zunge am Mundboden.
- Verschließen Sie mit dem rechten Mittelfinger das linke Nasenloch – auch als Linkshänder.
- Atmen Sie auf je 8 Zählzeiten durch das rechte Nasenloch ein und aus.

Abb. 45 Befreiung des Sonnenatems

- Wiederholen Sie diese Übung während des gesamten Musikbeispiels.
- Schließen Sie gleich die nächste Übung an.

2. Rhythmische Prāṇāyāma-Übung: Befreiung des Mondatems

Wählen Sie von der Übungs-CD „Spirituelle Heilkunst" das erste Musikbeispiel; es dauert 3:39 Minuten.

- Verschließen Sie mit dem rechten Daumen das rechte Nasenloch – auch als Linkshänder.
- Atmen Sie auf je 8 Zählzeiten durch das linke Nasenloch ein und aus.
- Wiederholen Sie diese Übung während des gesamten Musikbeispiels.

Abb. 46 Befreiung des Mondatems

3. Rhythmische Prāṇāyāma-Übung: Verbindung des Mond- und Sonnenatems

Wählen Sie von der Übungs-CD „Spirituelle Heilkunst" das erste Musikbeispiel; es dauert 3:39 Minuten.

- Verschließen Sie beim Einatmen das rechte Nasenloch mit dem Daumen und atmen auf 8 Zählzeiten durch das linke Nasenloch ein.
- Verschließen Sie beim Ausatmen das linke Nasenloch mit dem Mittelfinger und atmen durch das rechte Nasenloch auf 8 Zählzeiten aus.
- Wiederholen Sie diese Übung während des gesamten Musikbeispiels.

4. Rhythmische Prāṇāyāma-Übung: Leichte Verlängerung des Mond- und Sonnenatems

Wählen Sie hierzu das zweite Musikbeispiel der Übungs-CD (Tonleiter). Es dauert 3:33 Minuten.

- Verschließen Sie beim Einatmen das rechte Nasenloch mit dem Daumen und atmen auf 8 Zählzeiten durch das linke Nasenloch ein.
- Dann halten Sie den Einatem auf 2 Zählzeiten.
- Verschließen Sie beim Ausatmen das linke Nasenloch mit dem Mittelfinger und atmen durch das rechte Nasenloch auf 8 Zählzeiten aus.
- Dann halten Sie den Ausatem auf 2 Zählzeiten.
- Wiederholen Sie diese Übung während des gesamten Musikbeispiels.

5. Rhythmische Prāṇāyāma-Übung: Erweiterung des Mond- und Sonnenatems

Wählen Sie hierzu das 4. Musikbeispiel der Übungs-CD; es dauert 5:03 Minuten.

- Verschließen Sie beim Einatmen das rechte Nasenloch mit dem Daumen und atmen auf 8 Zählzeiten durch das linke Nasenloch ein.
- Dann halten Sie den Einatem auf 4 Zählzeiten.
- Verschließen Sie beim Ausatmen das linke Nasenloch mit dem Mittelfinger und atmen durch das rechte Nasenloch auf 8 Zählzeiten aus.
- Dann halten Sie den Ausatem auf 4 Zählzeiten.
- Wiederholen Sie diese Übung während des gesamten Musikbeispiels.

6. Rhythmische Prāṇāyāma-Übung: Vertiefung des Mond- und Sonnenatems

Wählen Sie hierzu wieder das 4. Musikbeispiel der Übungs-CD mit 5:03 Minuten. Bei dieser rhythmischen Atemübung wird das jeweils freie Nasenloch ebenfalls leicht zugedrückt, so dass es nur minimal geöffnet ist. Dadurch muss die Luft intensiver ein- und ausgeatmet werden.

- Verschließen Sie beim Einatmen das rechte Nasenloch mit dem Daumen und atmen auf 8 Zählzeiten durch das linke Nasenloch ein.
- Dann halten Sie den Einatem auf 4 Zählzeiten.
- Verschließen Sie beim Ausatmen das linke Nasenloch mit dem Mittelfinger und atmen durch das rechte Nasenloch auf 8 Zählzeiten aus.
- Dann halten Sie den Ausatem auf 4 Zählzeiten.
- Wiederholen Sie diese Übung während des gesamten Musikbeispiels.

Es ist nicht sinnvoll, gleich alle Übungen hintereinander auszuführen. Sie sind anstrengender, als man denkt. Es geht nicht um Leistung und Durchhalten, sondern um das völlig gleichmäßige Strömenlassen des Atems. Nur dadurch erwacht die Atemenergie, von dem im Prāṇāyāma die Rede ist. Schon das geringste Zeichen von Spannung entsteht, wenn die Zunge an den Gaumen wandert, statt entspannt auf dem Mundboden zu bleiben.

Jede Übung setzt enorme Energien frei, öffnet die Wahrnehmungskanäle, entfaltet Gelassenheit und ein intensives Körpergefühl. Allmählich beginnt man zu begreifen, wie mächtig der Eigenatem ist.

9

Die spirituelle Dimension des Eigen- und Schöpfungsatems

Sind einem die rhythmischen Atemübungen zu eigen geworden, ist Raum und Energie für einen weiteren Schritt geschaffen, das Atem-Bewusstsein zu erweitern. Hierzu vermittle ich einige alte Tantra-Übungen indotibetischen Ursprungs[7], die in gewisser Weise alle zuvor genannten Übungen zu einer Einheit zusammenfassen. Es kommen aber noch die Vorstellungskraft und innere Sammlung auf komplexe Vorgänge hinzu. Das sind natürlich keine Anfängerübungen. Doch ist auch hier mein Anliegen, die Wertmaßstäbe etwas zurechtzurücken, die in vielen Angeboten der Esoterikszene verloren gehen.

Schauen wir uns zunächst die spirituellen Dimensionen an, die aus der Atemenergie hervorgehen:

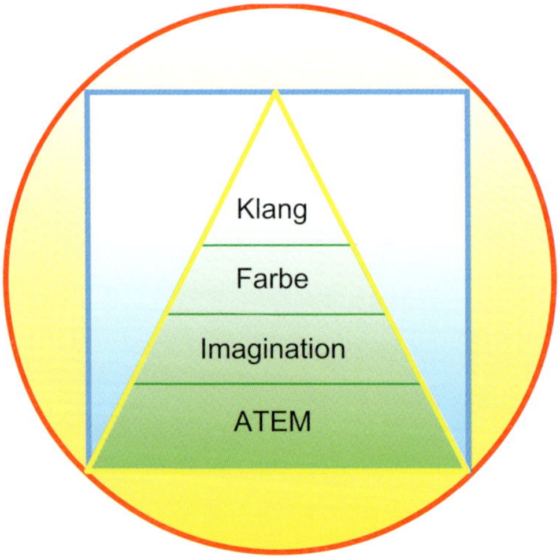

Abb. 47 Spirituelle Dimensionen des Atems (Kreis, Quadrat und Dreieck)

7 Tantra-Lehrwerk chös drug bsdüs-pahl zinbris bzhügs-so = Der Pfad des Wissens, 2. Tantra „Die okkulten und mystischen Wissenschaften“ in Wenz, Evans Y.: Tibetian Yoga and Secret Doctrines

Die Pyramide in der Mitte zeigt eine Rangordnung, die aber nichts mit Wertung zu tun hat. Auf der Basis des bewussten Atmens wächst die Imaginationskraft. Im Zuge dieser Entwicklung kann man auch Farben und Formen visualisieren. Die höchste Kraftentfaltung ist der Klang, das Hören und Lauschen mit den inneren Ohren. Alle Fähigkeiten der Bewusstseinserweiterung hängen von der Qualität der eigenen Atemenergie ab. Das heißt im Umkehrschluss, die Vorstellungskraft ohne Schulung des Eigenatems erreicht nicht im mindesten die Qualität, die sie erreicht, wenn die Loslösung vom Mutteratem stattgefunden hat und der Eigenatem durch rhythmische Atemübungen vertieft und verfeinert wurde. Da Hören und Fühlen einander bedingen, lässt sich auch hier ermessen, welche Dimension erreicht werden kann, wenn wir wirklich nach innen lauschen. Nur dort begegnen wir uns selbst und entwickelt sich daraus das, was in Asien bildhaft als „Buddha des Mitgefühls“ (Kannon, Avalokiteśvara) dargestellt wird:

Vertieft man sich in die vollendete Darstellung des Ausdrucks des Mitgefühls in Abb. 48, offenbart sich die Gleichzeitigkeit von vollkommener Aufmerksamkeit und Stille. In der Atemkunst, die über Indien hinaus alle östlichen Bewusstseinsschulungen durchdrang, hat die Mūdra eine besondere Bedeutung. Dazu schauen wir uns die Zuordnung der Finger zu den Meridianen an:

Unser Interesse gilt dem so genannten „Dreifach-Erwärmer“. Damit ist in der

Abb. 48 Buddha des Mitgefühls, Figur aus dem 8. Jh.

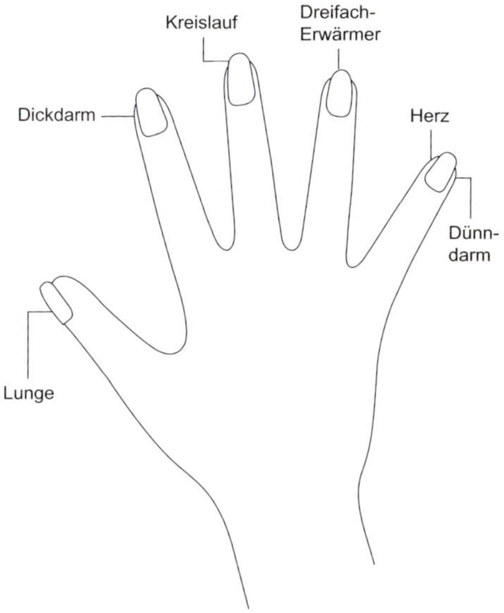

Abb. 49 Die Finger und ihre Meridianzuordnung

Chinesischen Medizin die Dreiheit der Körperhöhlen Brust mit Lungen und Herz, Bauch mit den Verdauungsorganen und Becken mit den Ausscheidungs- und Sexualorganen gemeint. Indem der „Buddha des Mitgefühls" Daumen = Atemorgane und Ringfinger = Dreifach-Erwärmer berührt, weist er symbolisch darauf hin, dass der Atem alles Sein erfasst und der Atem das Ganze eines Menschen durchströmt.

Der Klang ist in der Rangordnung der Bewusstseinserweiterungen (Abb. 47) sowohl physisch als auch geistig von der Luft abhängig. Er findet seinen Ausdruck in der Stimme des Menschen. Und in der Tat: wie die Atemqualität, so auch die Stimmqualität. Wir erinnern uns: Das Erste, was wir von unserer Mutter pränatal wahrnehmen, ist ihre Stimme.

Die höchste Stufe des Klangs in der Bewusstseinsschulung wird noch deutlicher, wenn wir die Ebene des physischen Hörens verlassen – „Nāda Braḥma", wörtlich übersetzt: die Schöpfung (ist) Klang. Das ist die Erkenntnis, die allen Weisheitsschriften Asiens zugrunde liegt. Der unhörbare Ton, der dennoch gehört wird, ist kein Klang oder Ton im herkömmlichen Sinne. Es ist das gemeint, was auch der deutsche Dichter Joseph von Eichendorff ausdrückt in einem Gedicht mit den Worten: „Schläft ein Lied in allen Dingen …"

Die moderne Physik bestätigt später in unserer Zeit: Alles schwingt. Wenn etwas schwingt, klingt es auch. Um das wahrzunehmen, muss „nur" der Fokus geändert werden – statt nach außen, nach innen zu lauschen. Die Erweiterung des Bewusstseins, so erkannten die Vertreter der Atemkunst lange vor unserer Zeitrechnung, geht über den visuellen Sinn hinaus und gipfelt im auditiven Sinn. Jetzt wird auch die Stufung im Dreieck auf Abb. 47 klarer. Die vertiefte Energie des Eigenatems befruchtet das innere Sehen, die Vorstellungskraft. Das innere Sehen geschieht außerhalb von einem selbst und wird durch bestimmte Mentalübungen gefördert. Die Imaginationskraft bildet nun ihrerseits die Basis für den Weg nach innen in die Stille, wo der/die Übende anfängt, in seinem Atem zu schwingen, besser: wo ES zu schwingen/zu atmen/zu hören beginnt.

Fangen wir nun mit den Basisübungen an, die den geschulten Atem voraussetzen.

1. Imaginationsübung über einen „nicht atmenden Gegenstand"

- Stellen Sie Ihre Zeituhr zum Meditieren auf 5 Minuten.
- Schließen Sie die Augen und visualisieren Sie einen ihnen gut bekannten Gegenstand vor Ihren inneren Augen = außerhalb von sich selbst, zum Beispiel: einen Apfel.
- Drehen Sie mental den Apfel in alle Richtungen, betrachten ihn von allen Seiten, von unten und oben.
- Durchdringen Sie danach den Apfel und schauen in sein Inneres – Gehäuse, Kerne. Wandern Sie mental im Innern des Apfels und betrachten alles von allen Seiten.

Diese scheinbar einfache Visualisierungsübung hat schon so manchen frustriert, weil das geistige Bild des Gegenstandes schnell entwischt oder seine Form und Farbe dauernd verändert. Dadurch wird offenbar, dass Sie nicht die Autorität Ihrer Gedankenkraft sind, sondern Gedankenmuster Sie bestimmen. Auf der Basis des geschulten Atmens ist es allerdings leichter, den Gegenstand dreidimensional zu bewegen, ihn zu drehen, ihn von allen Seiten zu betrachten und in ihn hineinzuschauen. Das Ziel der Übung ist: ICH bewege die Dinge im Leben und werde nicht mehr von ihnen bewegt. Die Erkenntnis dazu: Ich nehme wahr, was meinem Bewusstscin entspricht. Ich erschaffe die Welt, die ich wahrnehme.

2. Imaginationsübung über eine Farbe

Wann immer ich diese Übung ankündige, entsteht sofort Verwirrung, warum die Visualisierung einer Farbe denn eine höhere Bewusstseinsebene bedingt als die Visualisierung eines Gegenstandes. Doch, wie zu sehen sein wird, ist das gar nicht so

Abb. 50 Visualisieren Sie einen Apfel

einfach, denn wir können uns keine Farbe an sich vorstellen. Sie ist in unserer sichtbaren, inkarnierten Welt immer an eine Form gebunden. Die Imaginationsübung mit einer Farbe bildet den Übergang vom Sehen zum Hören und Fühlen.

- Stellen Sie die Zeituhr zum Meditieren auf 5 Minuten.
- Schließen Sie die Augen und visualisieren Sie zuerst eine Farbe, die Sie mögen.
- Gehen Sie mental ganz in diese Farbe hinein, werden Sie eins mit ihr, indem Sie innen und außen von dieser Farbe durchdrungen werden. Beispiel: Sie werden durch und durch orangefarben.
- Spüren Sie, was in Ihnen durch die Farbe zum Erleben kommt.
- Achten Sie auf den gleichmäßigen Atemfluss.
- Atmen Sie die Farbe ein und aus, Ihr Atem nimmt die Farbe an.
- Lauschen Sie in sich hinein, wie die Farbe in Ihnen klingt.
- Verlassen Sie bewusst die Farbe und wählen eine, die Ihnen bislang nicht so angenehm war.
- Gehen Sie mental auch in diese Farbe ganz hinein, werden Sie eins mit ihr, indem Sie innen und außen von dieser Farbe durchdrungen werden. Beispiel: Sie werden durch und durch grün.
- Spüren Sie, was in Ihnen durch die Farbe zum Erleben kommt.
- Achten Sie auf den gleichmäßigen Atemfluss.
- Atmen Sie die Farbe ein und aus, Ihr Atem nimmt die Farbe an.
- Lauschen Sie in sich hinein, wie die Farbe in Ihnen klingt.

Bei dieser Übung findet im Grunde noch einmal eine Überprüfung der eigenen Atemkraft statt. Egal, welche Farbe wir visualisieren, der Atem sollte unbehelligt von Gefühlen strömen. Tut er es nicht, liegt der Störung eine Vorstellung zugrunde, die man übernommen hat, ohne sie zuerst zu prüfen. Zum Beispiel: „Braun ist eine hässliche Farbe, sie steht mir nicht."

Es ist ja nicht nur der Mutteratem, den viele Menschen als Kopie in sich tragen, sie kopieren auch anderer Leute Meinungen, Gedanken, Urteile und verstärken damit noch die Verhaftung an den Mutteratem.

Für den Menschen mit einem entwickelten Eigenatem ist hingegen die Übung leicht auszuführen. Ziel dieser Farbübung ist: Was immer ich wahrnehme in der äußeren Welt, verändert nicht mein Höheres Selbst; es bleibt, wie es IST. Es gibt in jedem von uns die schon oft erwähnte unwandelbare, ewig währende Instanz, unser WAHRES WESEN, das man nur erfahren kann.

3. Übung zur Stärkung der Energiezentren

Für diese und die nächsten zwei Übungen verwenden Sie bitte das Musikstück Nr. 1 auf der Übungs-CD.

Bei dieser Übung erleben wir die beiden Anteile des Atems. Zum einen die physische Atmungsbewegung: Einatmen – Zwerchfellsenkung, Ausatmen – Zwerchfellhebung. Zum andern enthält die Atemluft Prāṇā. Damit wir uns dessen innewerden, führen wir eine Gegenbewegung aus, die ich in der folgenden Zeichnung darstelle:

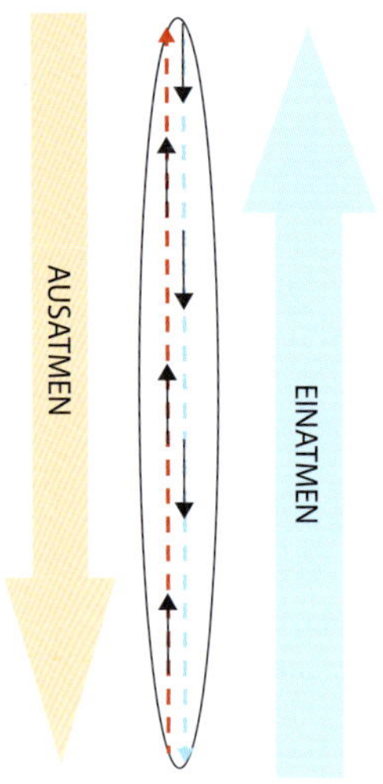

Abb. 51 Gegenbewegung von Atmung und Atemenergie

- Nehmen Sie eine bequeme Sitzhaltung ein, die Wirbelsäule aufgerichtet, die Zunge am Mundboden.
- Schalten Sie die Musik ein.
- Während Sie auf 8 Zählzeiten einatmen, stellen Sie sich vor, wie innen in der Wirbelsäule ein Energiestrom vom Scheitel bis zum Steißbein fließt.
- Während Sie auf 8 Zählzeiten ausatmen, stellen Sie sich vor, wie innen in der Wirbelsäule ein Energiestrom vom Steißbein bis zum Scheitel fließt.
- Jeweils beim Scheitel und Steißbein kehrt der Energiestrom um.

Bei dieser Übung verstärkt sich nicht nur die Atemenergie, auch der physische Atem gewinnt an Tiefe und Weite.

In meinem Leben hat mir gerade diese Übung die Mächtigkeit des Eigenatems bewusst gemacht. Die nächsten zwei Übungen basieren auf der Fähigkeit des harmonischen Strömens von Atem und Atemenergie in der Gegenbewegung.

4. Übung zur Stärkung der Energiezentren

Diese Übung wird ohne Musikunterstützung ausgeführt und ist eine sehr intensive Atemmeditation. Sie erschließt sich einem nicht auf Anhieb, da hier Bewegung, Farben, Formen und Atem zu einer Einheit auf ungewohnte Weise zusammenfließen. Sie hat einen zweifachen Sinn. Zum einen erweitert sie das Bewusstsein, zum andern dient sie der Sicherung von Energiezentren.

Das will ich etwas ausführlicher erklären:

Das Ziel der Entfaltung des Eigenatems ist die Harmonie von Körper, Geist und Seele und die bewusste Nutzung feinstofflicher Energien wie Inspiration und Kreativität. Das höchste Ziel ist indes kein Endpunkt, sondern ein ständiger Verfeinerungsprozess, der wie eine unendliche Spirale aufsteigt. Die alten Yogameister benutzten ein anschauliches Bild, um die einzelnen Schritte zu erklären. Sie wählten das Bild des Bambusstammes, der in gewissen Abständen Wachstumsknoten hat. Den Rückenmarkskanal stellt man sich so vor, dass auf der Höhe des Solarplexus, des Herzens und der Kehle Wachstumsknoten sind, die verschiedene Funktionen, vor allem die der „Sicherung“ und der Stärkung des menschlichen Energiesystems, innehaben.

Voraussetzung für die Wirkungsweise der Sicherungen ist es zu begreifen, dass der physische Atem als Träger der Lebensenergie eine Transformationsstelle passiert, wodurch gleichsam die Prāṇa-Energie als Essenz aus der sauerstoffreichen Luft herausgefiltert wird. Zum andern versteht man im Prāṇāyāma unter Ein- und Ausatemvorgang immer eine horizontal-vertikale Bewegung, d. h., beim Einatmen dehnt sich der Brustkorb durch die Füllung der Lungen in alle Richtungen seitlich aus. Beim Ausatmen wird das Zwerchfell nach oben gezogen, wodurch sich eine vertikale Bewegung ergibt. Parallel zu diesem physischen Atemvorgang fließt der Prāṇa-Strom vertikal in Achterformen, wobei die Schnittpunkte im Solarplexus, im Herzzentrum und im Kehlzentrum sind. Für den Anfänger gilt es, sich zunächst eine langgezogene Acht zwischen Scheitel und Steißbein mit dem Überkreuzungspunkt auf der Solarplexusebene vorzustellen. Die Lebensenergie fließt ständig zwischen Scheitel und Steißbein in einer senkrechten Acht, verbindet also unten und oben. Doch muss man sich diese Acht dreidimensional vorstellen; ihre Schleifen führen die Lebensenergie durch alle Systeme des Körpers. Beim Einatmen fließt der Prāṇa-Strom nach unten zum Steißbein, beim Ausatmen über den Scheitel nach oben.

Beginnen wir mit dem ersten Kreuzungspunkt des Solarplexus. Er ist der wichtigste spirituelle „Wachstumsknoten“, da er den

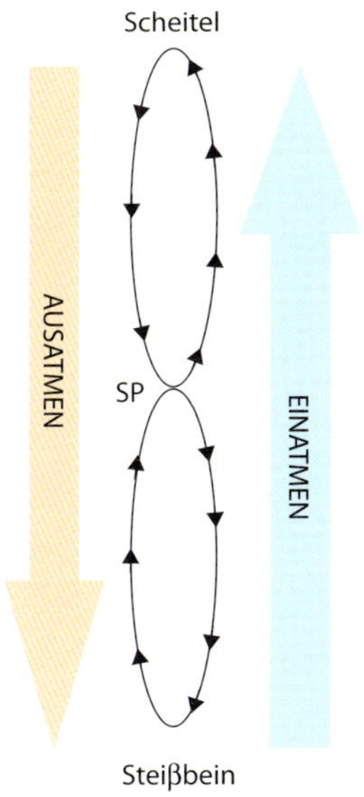

Abb. 52 Kreuzungspunkt des Atemenergieflusses im Solarplexus

Emotionalkörper regiert, auch astrale Aura genannt. Hier ist bei den meisten Menschen die Energie in Unordnung, wenn sie weder ihre Emotionen im Griff haben noch Nein sagen können. Zu seinen Emotionen zu stehen, damit auch zu seinen Bedürfnissen, diese Emotionen in Harmonie zu bringen und auszukosten sowie die Eigenautorität zu nutzen, um sich von äußeren Einflüssen abzugrenzen, sind die vordergründigen Qualitäten des Solarplexus. Menschen mit einem starken Solarplexus haben in der Regel auch einen starken Atem, sind gut geerdet und haben die Kraft zu entscheiden, was und wie viel sie an sich heranlassen. Die Fähigkeit, Nein zu sagen, setzt ein gesundes Selbstwertgefühl voraus, ebenso Selbstvertrauen und Selbstsicherheit.

Nun zur Übung:

- Stellen Sie die Zeituhr zum Meditieren auf 5 Minuten.
- Schließen Sie die Augen und visualisieren Sie Ihre Wirbelsäule.
- Spüren Sie die Körpermitte, wo sich der Solarplexus befindet.
- Atmen Sie gleichmäßig durch die Nase ein und aus und visualisieren Sie, wie der Atemenergiestrom zuerst in einer schlanken, dann in einer immer breiter werdenden Acht gegenläufig fließt.
- Einatmen - - - der Energiestrom fließt vom Scheitel nach unten, wechselt die Seite auf der Höhe des Solarplexus und fließt weiter bis zum Steißbein.
- Ausatmen - - - der Energiestrom fließt vom Steißbein nach oben, wechselt die Seite auf der Höhe des Solarplexus und fließt weiter nach oben bis zum Scheitel.

Die innere Sammlung auf den gleichmäßig fließenden Energiestrom und das gleichzeitige harmonische Atemströmen setzt Übung voraus. Es ist ratsam, so lange bei dieser Übung zu bleiben, bis sie mühelos ausgeführt werden kann. Sie bewirkt ein enormes Maß an freier Energie und man erlebt, was der Schöpfungsatem eigentlich ist. Nicht selten stellen sich außerhalb der Meditationszeit Ideen und Inspirationen ein, die sofort zur Selbstverwirklichung drängen.

5. Übung zur Stärkung der Energiezentren

Diese Übung entspricht in der Ausführung der vorherigen, nur dass jetzt der Kreuzungspunkt des Atemenergiestromes in der Höhe des Herzzentrums stattfindet.

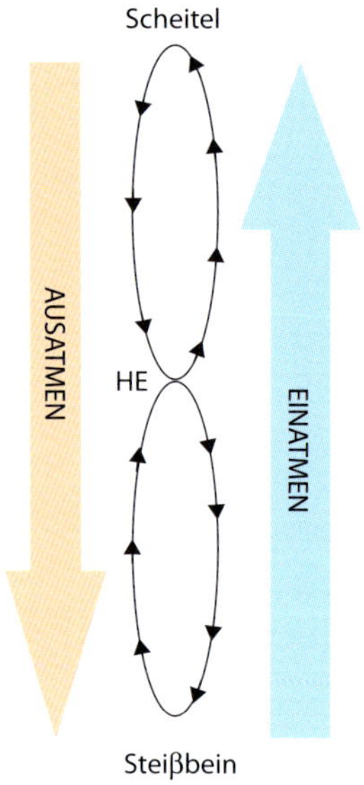

Abb. 53 Kreuzungspunkt des Atemenergieflusses im Herz-Energiezentrum

Je besser wir atmen, d. h. die Lebensenergie aufnehmen und umsetzen, umso langsamer werden Herzschlag und Puls. Die Rippenspreizung im rhythmischen Atmen sorgt dafür, dass Herz und Lunge genügend Raum und damit eine ideale Sauerstoffversorgung bekommen. Das Herz als Sitz des Gemüts und „Kaiser" des Organismus ist ein weiterer spiritueller Wachstumsknoten. Eine der höchsten Tugenden, die diese Übung bewirkt, ist Gelassenheit.

Nun zur Übung:

- Stellen Sie die Zeituhr zum Meditieren auf 5 Minuten.
- Schließen Sie die Augen und visualisieren Sie Ihre Wirbelsäule.

- Spüren Sie die Körpermitte, wo sich der Solarplexus befindet.
- Atmen Sie gleichmäßig durch die Nase ein und aus und visualisieren Sie, wie der Atemstrom zuerst in einer schlanken, dann in einer immer breiter werdenden Acht gegenläufig fließt.
- Einatmen - - - der Energiestrom fließt vom Scheitel nach unten, wechselt die Seite auf der Höhe des Herzzentrums und fließt weiter bis zum Steißbein.
- Ausatmen - - - der Energiestrom fließt vom Steißbein nach oben, wechselt die Seite auf der Höhe des Herzzentrums und fließt weiter nach oben bis zum Scheitel.

6. Übung zur Stärkung der Energiezentren

Auch diese Übung wird wie die vorherige ausgeführt, aber der Kreuzungspunkt des Atemenergiestromes liegt im Kehlzentrum. Seine Energie hat mit unserer Ausdrucksfähigkeit zu tun. „Was habe ich zu sagen?“ Wir wissen alle aus Erfahrung, dass je tiefer wir in die feinstoffliche Lebensordnung eindringen, desto weniger können wir dies in Worte fassen. „Was liegt jenseits der Worte?“, wäre die nächste Frage. Die Antwort finden wir in der Stärkung und Sicherung des Kehlzentrums. Wir erkennen, wie sich unser Sprachzentrum, unser physisches Ausdrucksorgan „Kehle“, immer mehr zurückzieht und doch gleichzeitig etwas in und aus uns zu sprechen beginnt, je tiefer die Einsicht reicht. Wenn etwas aus uns spricht, ist das genau der geistige Zustand, den wir Inspiration nennen. Das sind Worte, die sagen, was sie meinen, und die gelebt werden.

Mit der Sicherung oder dem Wachstumsknoten des Kehlkopfzentrums ist somit gemeint, dass wir in der Entfaltung von Energetik prüfen, wie echt unsere Ausstrahlung, unsere Menschlichkeit und unser Mitgefühl ist.

Zur Übung:

- Stellen Sie die Zeituhr zum Meditieren auf 5 Minuten.
- Schließen Sie die Augen und visualisieren Sie Ihre Wirbelsäule.
- Spüren Sie die Körpermitte, wo sich der Solarplexus befindet.
- Atmen Sie gleichmäßig durch die Nase ein und aus und visualisieren Sie, wie der Atemstrom zuerst in einer schlanken, dann in einer immer breiter werdenden Acht gegenläufig fließt.
- Einatmen - - - der Energiestrom fließt vom Scheitel nach unten, wechselt die Seite auf der Höhe des Kehlzentrums und fließt weiter bis zum Steißbein.
- Ausatmen - - - der Energiestrom fließt vom Steißbein nach oben, wechselt die Seite auf der Höhe des Kehlzentrums und fließt weiter nach oben bis zum Scheitel.

Auch für diese Tantra-Übungen gilt, dass man sie nicht alle hintereinander ausführen sollte. Besser ist, eine der Übungen sorgfältig und häufiger anzuwenden und erst einmal ihre Wirkung auf das Alltagsleben zu überprüfen.

10

Die Atemübertragung im Sterbeprozess

Der Mutteratem ging einst auf uns über, als wir noch nicht selbstständig atmen konnten. Die Mutter versorgte uns indirekt mit dem lebensnotwendigen Sauerstoff. Sie übertrug uns aber auch den grundlegenden Lebensrhythmus, den Atemrhythmus. Die erste Lektion in „Leben ist Atemrhythmus" erhielten wir, als wir bei der Mutter zu Gast waren. Durch die Geburt wechseln wir vom kleinen Kosmos „Mutter" in den großen Kosmos „Erdmutter" und sind für einige Jahrzehnte bei ihr zu Gast. Nun werden wir von ihr ernährt, denn die Natur bietet dort, wo wir Menschen ihren Leib nicht entlaubt, entwässert und zerstört haben, alles Notwendige zum Leben. Wir atmen selbstständig, entfalten unseren eigenen Atem. Es steht uns frei, unsere Selbstverwirklichung im Einklang mit der Natur zu vollziehen oder unsere schöpferischen Kräfte destruktiv gegen sie einzusetzen. Doch was immer wir verwirklichen durch unser Bewusstsein, unsere Gastzeit geht eines Tages zu Ende. Dann heißt es Abschied nehmen vom Tempel, in dem unsere Seele wohnte, und den sichtbaren Erdenplan zu verlassen. Wir sind sterblich, auch wenn wir uns so verhalten, als lebten wir immer weiter. Wir erleben die Geburt in die körperlose Existenz, die Exkarnation, egal wie schnell oder wie langsam wir die Seinsebene wechseln, egal auf welche Weise. Im Sterbeprozess ist jeder dankbar, jemanden an seiner Seite zu wissen, der hilft, die neue Erfahrung zu begreifen. Wehenartig, wellenartig durchlaufen wir fünf Wandlungsphasen. Dabei verlöschen nach und nach die Körperfunktionen. Die Naturgesetze gehen ihren Weg, aber nicht immer kann ihr das Bewusstsein des Sterbenden folgen. Nicht allein, dass die meisten Menschen vom Geschehen des Sterbevorgangs überrascht sind, sie haben auch oft das Bedürfnis, mit sich und mit anderen Menschen ins Reine zu kommen. Noch weniger ist den Sterbebegleitern geläufig, wie die Geburt in die körperlose Welt geschieht und was sie unterstützend tun können.

Ich möchte hier nicht den Rahmen des Buches sprengen, indem ich auf die Sterbebegleitung eingehe, wie ich sie in meinem Buch „Exkarnation – der große Wandel" ausführlich dargelegt habe. Mein Augenmerk liegt auf einer der ergreifendsten Möglichkeiten, einem Sterbenden beizustehen: durch Atemübertragung, genauer: durch bewusste Übertragung des Eigenatems auf den Sterbenden. Das hat auch eine körperlich heilsame Wirkung, wenn Schmerzen durch Verspannungen bestehen und der Atem des Sterbenden „flattert". Die damit verbundene Angst und Unruhe schwindet, sobald jemand seinen energiestarken Eigenatem überträgt. Wir als Sterbebegleiter übernehmen dabei eine ähnliche Rolle wie einst unsere Mutter. Ist der Atem übertragen, atmet der Sterbende leichter und gewinnt Zeit, seine Dinge zu ordnen. Außerdem bleibt er/sie so bei klarem Bewusstsein – auch wenn eine palliative Schmerztherapie nötig ist.

Wieder müssen wir nach Asien schauen, wo sich neben der Atemkunst auch eine Kunst des Sterbens entwickelt hat. In den

Tibetischen „Totenbüchern" werden die einzelnen Wandlungsphasen der Exkarnation erklärt und die Atemübertragung als eine der vornehmsten Aufgaben des Sterbebegleiters betrachtet. Warum? Durch die Atemübertragung erhält der Sterbende Lichtenergie und kann auf der Basis eines kultivierten Atems zur Erleuchtung gelangen. Darin wird übrigens die eigentliche Aufgabe des Begleiters verstanden. Sie/er sollte im Idealfall einen spirituellen Weg gehen und seine Hellsinne einsetzen können, um wahrzunehmen, in welcher Wandlungsphase sich der Sterbende befindet.

Obgleich der Sterbeprozess in der tibetisch-buddhistischen Tradition von fremdartigen Bildern, Ritualen und Mythologien durchdrungen ist, ließ sich für mich die naturgesetzliche Essenz aus den beschriebenen Vorgängen herauslesen. Sterben ist keine Krankheit, es ist Teil des Kreislaufs von Werden, Bewahren und Vergehen. Im Grunde weiß jeder zu sterben, wie auch jeder weiß, wie eine Geburt geschieht. Wir haben das alle schon viele Mal erlebt. Das Sterben „proben" wir mit jedem Ausatmen, mit jedem Schlaf ein Leben lang. Wenn wir uns mit der spirituellen Bedeutung des Todes schon zu Lebzeiten befassen, tragen wir ein ganzheitliches Menschen- und Weltbild in uns und sind auf den physischen Tod anders vorbereitet, als wenn wir ganz in der Materie verhaftet sind.

Gehen wir einen spirituellen Weg, erweisen wir einem Sterbenden einen großen Liebesdienst, ihn oder sie in der spirituellen Entwicklung zu inspirieren. Dazu sind keine Worte nötig. Die Übertragung wählt das Ein- und Ausatmen als Vehikel für Prāṇa im Sinne von Lebensenergie, die den göttlichen Funken im Sterbenden zum Aufleuchten bringen kann. Das ist ein erhabener Augenblick.

Damit klarer wird, wann und wie der Atem übertragen wird, stelle ich die Essenz der Sterbephasen in Kurzform vor. Die Tibeter gehen wie wir von den fünf Elementen aus: Äther als die Quintessenz, aus der alles hervorgeht und in die alles wieder zurückkehrt. Aus dem Äther werden die Elemente Erde, Wasser, Feuer und Luft „geboren".

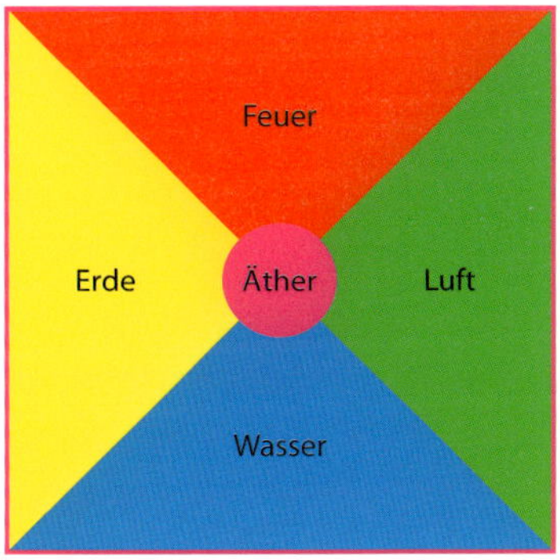

Abb. 54 Die 1. Sterbephase: Alle Elemente sind in Bewegung

In dieser Phase findet das große Spiel der Kräfte statt. Sterben wird als Möglichkeit gesehen, aber es ist noch genügend Lebensenergie vorhanden, um wieder voll und ganz zu inkarnieren. In dieser Wandlungsphase befinden sich sowohl altersschwache Menschen als auch Schwerkranke. Hier ist dringend anzuraten, dass einfache rhythmische Atemübungen mit Musik vermittelt werden, damit die Person selber ihre Vitalkräfte mobilisieren kann. Es ist genügend Atemfunktion vorhanden. Diese sollte die Person nutzen, um in ihren Eigenatem zu gelangen.

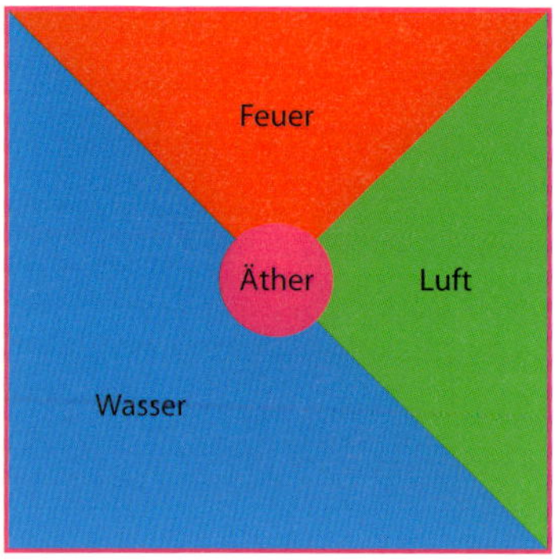

Abb. 55 Die 2. Sterbephase: Das Erdelement geht in das Wasserelement ein

In dieser Phase beginnt ein Mensch bereits, den Körper zu verlassen. Indem das Erdelement schwächer wird, verliert der Sterbende mehr und mehr seine Erdung. Auch die Körperfunktionen lassen nach. Es ist die aufregendste Sterbephase, da der Mensch mit sich ins Reine kommen oder „alte Rechnungen" begleichen möchte. Das Wasserelement dominiert und bewirkt das Aufwallen von Gefühlen, Ängsten und Fragen. In der Regel verändert sich beim Sterbenden die Wahrnehmung, weil sie/er die Schwelle von der physischen Dimension in die körperlose Welt fließend erlebt. In dieser Wandlungsphase des Bewusstseins hat es sich sehr bewährt, zusammen mit dem Sterbenden eine rhythmische Atemübung mit Musik mehrmals pro Tag für ein paar Minuten durchzuführen.

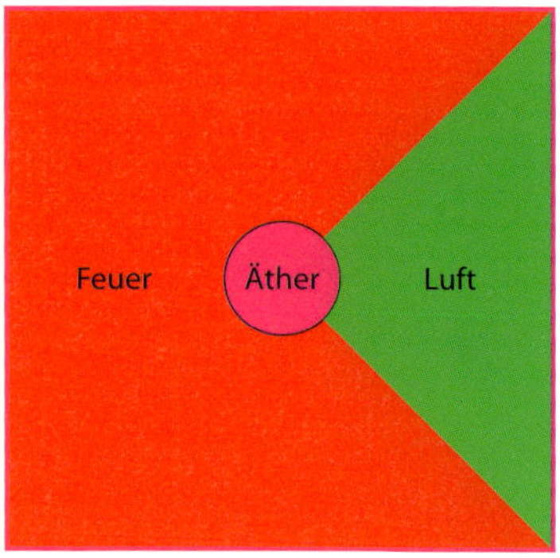

Abb. 56 Die dritte Sterbephase: Das Wasserelement geht in das Feuerelement ein

Die so genannte „Feuerphase" ist der entscheidende Wendepunkt im Sterbeprozess. In der Regel geschieht ein letztes Aufblühen, bei dem alle physischen Reserven aufgebraucht werden. Der/die Sterbende beginnt sich zu verstrahlen, erlebt viele Lichtphänomene und verliert noch deutlicher die Erdanbindung. Die Atmung wird unregelmäßig, bleibt weg, kommt wieder. Jetzt ist der Moment gekommen, eine Atemenergieübertragung zu beginnen:

1. Form der Atemübertragung

- Wählen Sie die Musik der 1. Rhythmischen Atemübung (Übungs-CD, Track 1).
- Setzen Sie sich auf die linke Seite des Sterbenden.
- Nehmen Sie eine aufrechte Haltung ein, Zunge am Mundboden.
- Konzentrieren Sie sich ausschließlich auf Ihren Eigenatem bei den 8 Zähl-

zeiten des Ein- und Ausatmens.

- Lassen Sie den Atem frei und tief strömen.
- Machen Sie eine Pause von 15 – 20 Minuten und wiederholen dann diese Einstiegsübung.

2. Form der Atemübertragung

- Wählen Sie die Musik der 1. Rhythmischen Atemübung (Übungs-CD, Track 1).
- Setzen Sie sich auf die linke Seite des Sterbenden.
- Nehmen Sie eine aufrechte Haltung ein, Zunge am Mundboden.
- Konzentrieren Sie sich ausschließlich auf Ihren Eigenatem bei den 8 Zählzeiten des Ein- und Ausatmens.
- Färben Sie nun den Atem ein: Den Einatemstrom stellen Sie sich in einem Königsblau oder Lapislazuliblau vor, in dem Goldfunken sprühen. Den Ausatemstrom färben Sie in ein warmes Rot mit Goldfunken.
- Konzentrieren Sie sich ausschließlich auf Ihren Eigenatem bei den 8 Zählzeiten des Ein- und Ausatmens.
- Lassen Sie den Atem frei und tief strömen.

Betrachten Sie nun die Atembewegung beim Sterbenden; sie hat sich mit Sicherheit positiv verändert. Sie können die Übungen beliebig oft wiederholen, aber lassen Sie genug Raum für die eigene Regeneration. Verlassen sie immer mal wieder das Sterbezimmer, um die Sinne zu entspannen. Im Sterbeprozess herrschen eine hohe Spannung und ein hoher Energielevel.

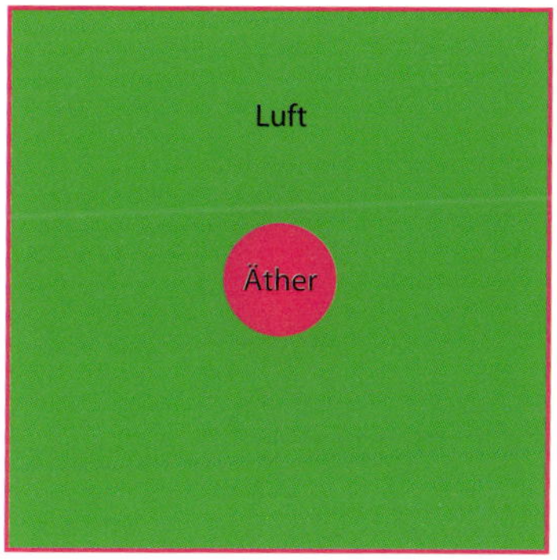

Abb. 57 Die 4. Sterbephase: Das Feuerelement geht in das Luftelement ein

In dieser Sterbephase herrscht Ruhe und Frieden. Der physische Atem hat beim Sterbenden aufgehört, auch die Beta- und Alpha-Gehirnwellen sind nicht mehr aktiv. In unserer Kultur heißt es treffend: Das Lebenslicht (Feuer) wurde ausgeblasen (Luft). Es gibt nur noch eine schwache Erdanbindung. Der/die Sterbende schwingt wie ein Jojo aus dem Körper heraus und wieder hinein. Es beginnt die eigentliche Ablösung von der Körperhülle. Von außen ist fast nichts zu sehen, aber im feinstofflichen Bereich ist viel in Bewegung. Der/die Sterbende „betritt" eine neue Dimension des Seins und muss sich meistens erst darin zurechtfinden, keinen Körper mehr zu haben, um sich mitzuteilen.

In der 4. Phase ist eine Atemübertragung dazu angetan, den Sterbenden zu inspirieren, ins Licht zu gehen, sich nicht mehr umzuschauen, sondern vertrauensvoll den neuen Weg zu gehen. Die Atemübertragung erfordert daher auch eine andere Kraft und Konzentration. Sie wird ohne Musik und im natürlichen Verhältnis 2 : 3 beim Ein- und Ausatmen ausgeführt:

- Setzen Sie sich auf die linke Seite des Sterbenden.
- Nehmen Sie eine aufrechte Haltung ein, Zunge am Mundboden.
- Visualisieren Sie über Ihrem Scheitel eine konische Öffnung nach oben. Das ist Ihr Kanal, Ihre Anbindung an die kosmische Energie.

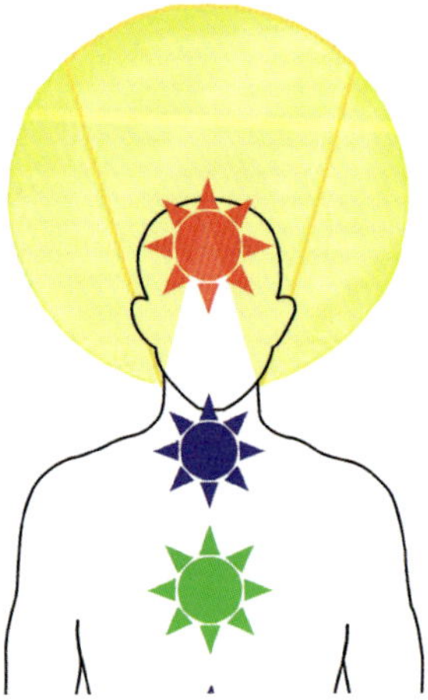

Abb. 58 Die kosmische Anbindung bei der Atemübertragung

- Beim langsamen Einatmen „saugen" Sie die Energie über den Trichter tief zu sich herein.
- Beim langen Ausatmen senden Sie die Atemenergie zum Herzzentrum des Sterbenden und führen dort eine spiralige Bewegung tief in das Zentrum hinein.
- Wiederholen Sie diese Atemweise nicht länger als 7 Minuten und machen danach eine Pause von 20 – 30 Minuten, ehe Sie sie wiederholen.

Ihr Eigenatem wird jetzt zum Vehikel für kosmische Energie, die Sie an den Sterbenden weiterleiten. Durch das Einatmen helfen Sie dem Sterbenden, seinen Körper loszulassen. Durch das Ausatmen stellen Sie ihm/ihr dafür die nötige Energie zur Verfügung.

Verfügt jemand über seinen Eigenatem, hat ihn verfeinert und verstärkt durch die im Buch beschriebene Grundübungen, vermag man auch selbst eine höhere Bewusstseinsebene in der Sterbebegleitung zu erreichen. Die Atemübertragung dient also dem Ausübenden ebenso wie dem Sterbenden. Sie ist eine wunderbare Aufgabe und gewinnt in dem Maße an Qualität, wie man als Begleiter tatsächlich den Mutteratem überwunden und den Eigenatem zur Entfaltung gebracht hat. Hat man diese Erfahrungen einmal gemacht, wird auch verständlich, warum die Tibeter so großen Wert auf einen in der Sterbeenergetik Kundigen legen.

Damit sind wir am Ende der „Reise" vom Lösungsprozess im systemischen Feld über rhythmische Atemübungen zur spirituellen Bedeutung des eigenen Schöpfungsatems angekommen. Die Arbeit mit Kollegen stand im Vordergrund, weil es erst einmal für uns selbst wichtig ist, in die eigene Kraft des Schöpfungsatems zu gelangen. Dann erst kommt dies auch unseren Patienten und Klienten zugute.

Die Methodik lässt sich leicht in der Praxis anwenden. Ich finde es grundsätzlich wichtig, bei Patienten am Eigenatem zu arbeiten. Deshalb lernen sie auch in unserer Praxis die Atemübungen. Besonders deutlich wird die Notwendigkeit, wenn auf ihrem ganzheitlichen Heilungsweg ein Hindernis auftritt, so dass es nicht so vorangeht, wie es gemäß dem Einsatz und der willigen Eigeninitiative sein müsste. Darin zeigt sich in aller Regel, dass der Mutteratem noch nicht abgelöst und der eigene Atem noch nicht voll entfaltet ist. Dann biete ich eine Einzelsitzung an, in der das Thema bewusst gemacht wird. Die Patienten werden in Atem- und Drüsenübungen unterwiesen, die sie zu Hause möglichst täglich üben. Kommen sie dann zur nächsten Ordination, stellen sie wieder die ihnen wichtigen Parameter auf und überprüfen sich an den verschiedenen Positionen. Zu Hause werden weiterhin die Atemübungen durchgeführt. Der Wechsel von Aufstellung und Atemübung wird hier zeitlich auseinandergezogen, folgt aber denselben Prinzipien.

So sehr die Lösung vom Mutteratem die Selbstverwirklichung voranbringt, wollen wir doch auch den Mutteratem ganzheitlich betrachten. Dazu folgt ein höchst aufschlussreiches Kapitel von Harald Knauss, der sich sowohl mit den Hintergründen der rhythmischen Atemübungen in den vier Bänden „Spirituelle Heilkunst[8]" befasst hat als auch ein Spezialist für alteuropäische Kultur ist. Durch seine Forschungen fügen sich die rudimentären Kenntnisse zu einem runden Bild, das uns hilft, unsere alten europäischen Wurzeln zu erkennen und zu würdigen.

8 Siehe Literaturliste.

11

Harald Knauss

Mutter und Atem - Symbole des Lebens

Gehen wir in der Menschheitsgeschichte weit zurück, so werden wir in der Vorstellung von Leben und Spiritualität vor allem eine Betonung des weiblichen Prinzips finden. Die Wissenschaft spricht von matriarchalen Kulturen. Nur eine Mutter kann Leben empfangen, gebären und nähren, daher waren Mutter, Natur und Leben einstmals synonyme Worte. In jenen alten Kulturen stand die Bedeutung des Lebens ganz oben, hatte Vorrang vor aller Technik. So ist z. B. bekannt, dass die nördlichen Völker schon lange das Rad kannten, ehe dieses dann als technische Errungenschaft auftauchte. Das Rad war ursprünglich ein heiliges Symbol und nur zu Ehren der Göttin wurden bei kultischen Umzügen Räderwagen eingesetzt. Viel später erfolgte dann die Profanisierung des Rades. In gewisser Weise wurde es entweiht, wurde vom Himmel auf die Erde geholt, wurde vom heiligen Symbol zum Werkzeug. Das Rad tauchte plötzlich im wirtschaftlichen und kriegstechnischen Bereich auf, was die Menschheitsgeschichte im wahrsten Sinne des Wortes in Bewegung gesetzt hat. Diese Entwicklung ging aber wohl parallel einher mit der Veränderung der Gesellschaft. Laut Prof. Herman Wirth be- und verdrängten aus dem Osten kommende mächtige Kriegerfürsten immer mehr die alten „Mutterkulturen", die als Kultur des Landbaus friedfertig waren. Die patriarchale Gesellschaft eroberte mit ihren Waffen die Macht. Bis heute legen vor allem „alte Männer" fest, was Leben und rechte Lebensführung sei.

Vorstellungen, wie sie in den alten matriarchalen Kulturen herrschten, sind für uns heute Lebende oft immer noch ziemlich abwegig. Wir erfinden Dinge, um sie vielfältig nutzen zu können, um maximalen Gewinn aus ihnen zu ziehen. In diesen Kulturen stand dagegen die Erhaltung des Lebens ganz im Vordergrund. Wenn die esoterische Wissenschaft Recht hat, dann gab es vor den matriarchalen Kulturen einst ein großartiges technisches Zeitalter, welches sie das atlantische nennt. Dieses Zeitalter ging der Überlieferung nach an seinem Technikwahn zugrunde. Vielleicht waren die matriarchalen Kulturen die Folge dieser globalen Katastrophe, waren sozusagen Ausdruck der Gegenbewegung des geschichtlichen Pendels. Haben viele vor Jahren noch gelächelt über solche esoterischen Ansichten, so drängen sich mittlerweile angesichts der heutigen globalen Probleme doch Parallelen auf. Die Gentechnik ist dabei, künstliches Leben zu schaffen. Das kann sie zwar nicht wirklich, da sie stets Grundbausteine aus der Natur dazu braucht, aber sie wirkt destruktiv verändernd auf diese ein. Für die Folgen der technischen Entwicklung für die Erde und ihre Lebewesen hat sie aber kaum echte Lösungen anzubieten. Sie vermag nur zu verbrauchen, aber sie kann keine natürlichen Ressourcen wiederherstellen. Ja, sie vermag mithilfe enormer Wasserverschwendung für eine sehr kurze Zeit der Geschichte eine Wüste zum Blühen zu bringen, kann aber eine Verwüstung, wie sie viele Länder der Erde bedroht, nicht aufhalten. Die Technik kann nichts für die Natur tun. Das kann sie u. a. auch deswegen nicht, da das männliche Element wenig Zugang zur Mutter, also zum Wesen der Natur, hat. Denken wir doch nur an so „herrlich" technisch ökologische, „männliche" Lösungen wie die Einführung des Biosprits, was die Abholzung der Wälder und Anlegen von Monokulturen nur noch mehr beschleunigt hat. Oder auch die vielgelobten Windräder, deren Folgen für Wind und Wetter nicht lange auf sich warten lassen werden. In der „männlichen" Technik liegen nicht die Lösungen der Zukunft. Technik konstruiert und das tut sie sehr gut. Technik erfindet, ob es Sinn ergibt oder nicht, ob es nützlich ist oder schädigend. Nur die Natur ermöglicht Erhaltung von Leben, seelisches Erleben, Sinn und Nachhaltigkeit. Die Technik kann uns allenfalls grobe Erlebensmöglichkeiten bieten, z. B. einen Adrenalinschub durch Beschleunigung bei einem Motorrennen oder in der Achterbahn. Oder denken wir an den Unterschied, ob eine Maschine unseren Körper abtastet oder Hände. Das fein differenzierte seelische und ganzheitliche Erleben bietet allein die Natur.

Halten wir einmal die beiden Seiten unseres Wesens fest:

Tabelle Vater- und Mutterkraft

männlich/väterlich	weiblich/mütterlich
Sonne; Licht, Wärme	Erde, Feuchtigkeit, Dunkel
das zündende, initiierende Prinzip	das nährende, vermehrende, tragende Prinzip
Technik	Natur
Unabhängigkeit, Willkür	Lebensrhythmen, Anpassungsvermögen
Veränderung	Erhaltung
Blut, Muskel	Atem
wollen, verwirklichen, konstruieren	empfinden, erleben

Wir stehen heute mit der großen Herausforderung, beide Prinzipien, das ewig männliche und weibliche, das mütterliche und väterliche Erbe in uns bewusst zu vereinigen, an einem Scheideweg. Dazu müssen wir aber wieder verstärkt Zugang zum „Reich der Mütter" bekommen, zum Wesen der Natur und den Gesetzen des größeren Lebens. Wir müssen die Vorzeichen verändern, nachdem das männliche Prinzip lange Zeit alleine federführend war. In dieser Anbindung ans „Mütterliche" kann sich dann die technische Entfaltung segensreich eingliedern.

11.1 Die große heilige Mutter

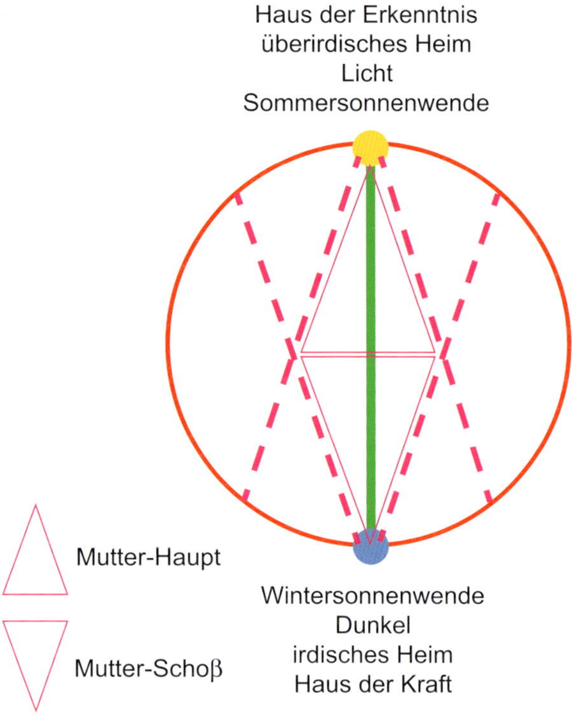

Abb. 59 Die beiden Sonnwenden / Haus des Lichtes – Haus der Kraft

Wie können wir nun in dieses „Reich der Mütter“ wieder hineinkommen? Die Antwort finden wir in den kosmologischen Überlieferungen, in denen „Mutter, Leben und Atem“ eine entscheidende Bedeutung hatten. Betrachten wir also einmal diese uralte Lehre über die „Mütter“ näher. Alles in den alten Lehren beruht auf der Beobachtung kosmologischer Gesetzmäßigkeiten. Dabei spielten nicht die abstrakten astronomischen Fakten eine Rolle, sondern entscheidend war der Gesichtssonnenkreis, also das Geschehen, das man mit dem bloßen Auge von seinem Standort aus beobachten konnte. Im Jahreslauf der Sonne sahen unsere Vorfahren die göttlichen, kosmologischen Gesetze abgebildet. Die Sonne stand symbolisch für das eine größere Leben und seine Tätigkeit. Der Tätigkeitsbereich der Sonne war die Erde, das Dunkle.

Es gab also ein Lichtreich, ein überirdisches Heim, in dem die Lichtmutter wohnte. Sie ist ein himmlisches Wesen. Und es gab die Erdenmutter, die im Irdischen wohnte, im unteren Teil der Welt. Viele Märchen schildern diese noch im Nachklang uralter Überlieferungen als in einer Höhle hausend, umgeben von Tieren, Naturgeistern und Kindern. Es sind die noch nicht geborenen oder schon wieder verstorbenen Kinder, die bei ihr weilen.

Im Jahreslauf erkannte man zwei Punkte, in denen Licht und Dunkel ihre höchste Entfaltung haben: Das sind die beiden Sonnwenden.

Sie spiegeln das jeweilige Reich der beiden Mütter wider.

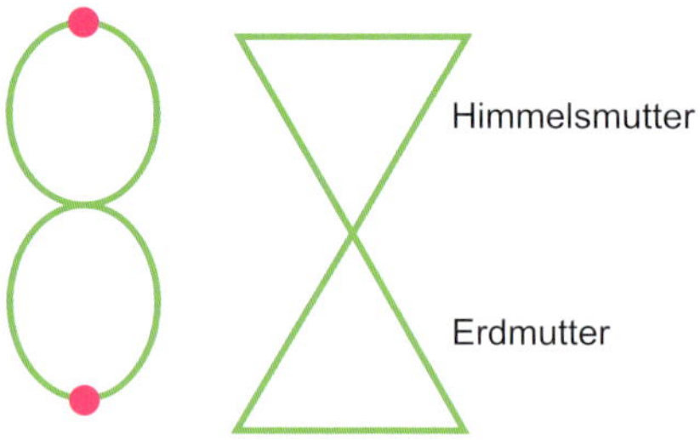

Abb. 60 Licht- und Erdenheim der Mutter

Eine besondere Rolle kommt in der alten Vorstellung vor allem der Wintersonnwende zu. Das ist der „Stirb-und-Werde"-Punkt im Jahreslauf. Das Jahr kehrt hier an seinen Anfangspunkt zurück. Der alte Jahresgott oder Sonnenheld wird siech und stirbt, so schildern es viele Sagen. Er geht in das Dunkel, die Erdhöhle, den Baum oder das Wasser ein, in das „Haus der Mütter", um dort seine Erneuerung und Wiedergeburt zu erfahren. Jesu Geburt zur Weihnachtszeit in einem kargen Stall sind spätere Bilder derselben Geschichte. Wenn das Jahr „auf den Hund" kommt oder „vor die Hunde geht", so bezeichnet dies den Ausklang des alten Jahres. Nach erfolgter Transformation wird der junge Jahresgott geboren, mit dem das neue Leben wiederkommt. Die Julzeit, also die Zeit um die Wintersonnwende, war stets die Zeit der Mütter. In ihrem Schoß wird das himmlische Licht wiedergeboren. An diesem Zeitpunkt des Jahres trifft die Vergangenheit auf die Zukunft, sind Ahnen wie zukünftige Kinder ganz nah. Zu den Julfesten waren daher Wahrsagen und Heilrituale üblich. Von der Mutter kommt der Mensch und dorthin geht er zurück. Sie versinnbildlicht den Hort des Lebens. Daher wurde die Wintersonnwende im Jahreslauf als „Mutter- oder Krafthaus" bezeichnet. Dort erhält das schwindende Leben neue Kraft und findet „Beseelung" statt, was eine Wiedergeburt ermöglicht.

Beseelung und Geburt wiederum sind an den Atem oder Odem geknüpft. Mit Einströmen der Luft werden wir lebendig und äußern dies in einem ersten Lebensschrei. „Odil" nannten die nördlichen Völker die Beseelung, den Atem und sein Zeichen war das folgende:

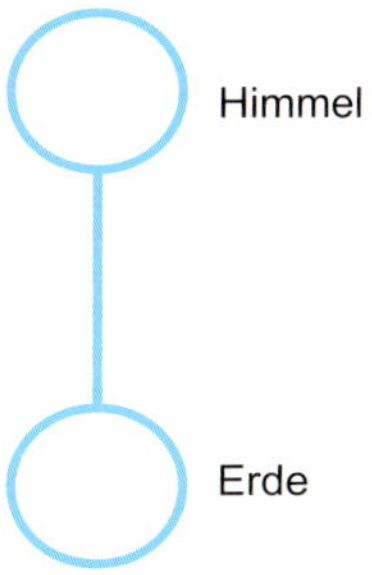

Abb. 61 Odilszeichen

Dieses Zeichen steht für die „Mutter" wie den „Sohn" und ist auch synonym zum Sonnenzeichen, wie es die Astrologie heute noch benützt. Das Leben wie auch die Kinder und Nachkommen sind lichtgeboren. Laut Prof. Wirth ist es also eine Hieroglyphe des Lichtes, Lebens, Samens und der Nachkommenschaft. Die Großmütter trugen dieses Zeichen ebenfalls, denn sie hatten Verbindung zu jener lichten, geistigen Welt, zu den Ahnengeistern. Sie waren Mittlerinnen (Medien) zwischen Himmel und Erde und wahrten das kosmische Recht. Gleichzeitig war dieses Symbol bei den Germanen auch ein Abbild der Fußspur des Frühlingsgottes Freyr, der mit seinen Händen die Flur segnete. Freyr wie auch der griechische Hermes wandern und wandeln durch das Leben, folgen der Spur derjenigen, die vor ihnen gegangen sind. Denselben Inhalt finden wir im Yin-Yang-Zeichen des Taoismus.

Abb. 62 Der ewige Wandel

Der Sohn, die Tochter sind Kinder des Vaters im Himmel, früher der Himmelsmutter, sind Kinder der Sonne, der Allkraft, die über sie aus dem Kosmos einströmt. Ihre (irdische) Mutter ist die Erde. Der Atem ist das befruchtende, väterliche, geistige Prinzip, das in sie einströmt. „Odin, Odem, Atem, Atman" klingen verwandt. Mit dem Lichtstrahl und dem Atem kommt auch das Prinzip „Zeit", während die Mutter der Raum ist, in dem etwas stattfinden kann. Betrachten wir die Senkrechte in Abb. 61, so sehen wir auch die Spaltung oder Teilung des Jahres. Aus der Polarität und Dualität geht jegliche Erkenntnis hervor. Daher sagten unsere Vorfahren, dass die göttliche Mutter denkt und aus ihrem Haupt gehe die Nachkommenschaft und auch die Weisheit hervor. Es ist diese Senkrechte, die Kraftlinie der Mutter, die eine Verbindung zwischen Oben und Unten ermöglicht, so dass neues Leben geschehen kann.

Aus diesen Zusammenhängen ist wohl auch das Zeichen „Akka" entstanden, das die göttliche Mutter bezeichnet, die Leben spendet. Sie gehört der Erde und der Feuchtigkeit, dem Wasser an. Akka ähnelt dem Wort „Acker", denn es ist das „gefurchte Ackerbeet", in welchem die Göttin die Frucht gedeihen lässt. Himmels- und Erdenmutter wirken zusammen, was Nachkommenschaft und Wachstum bewirkt. Das Zeichen Akka hat sich wahrscheinlich aus den ersten drei Punkten ergeben (wie auf Abb. 63 zu sehen), die die Sonnenkreise und entsprechenden irdischen Sphären darstellten. Sie galten als die beiden Augen und der Mund der Mutter.

Abb. 63 Herzhaupt der Mutter

Diese drei Punkte sah man ebenfalls als Symbol für das Herz. In der Mutter verbinden sich unabdingbar Denken und Liebe, also Kopf und Herz. Daher hieß dieses Symbol auch „Herzhaupt". Daraus wurde später dann das Dreieck mit der Spitze nach unten, das den Mutterschoß darstellte, das Gefäß des Lebens. Bis heute steht dieses Dreieck in der Alchemie für das Element Erde. Dreht sich dieses Dreieck um, so erhalten wir ein A, den Torbogen, den das neue Leben bei der Geburt durchschreiten muss. Es blieb in der Alchemie als Zeichen für das Element Feuer erhalten.

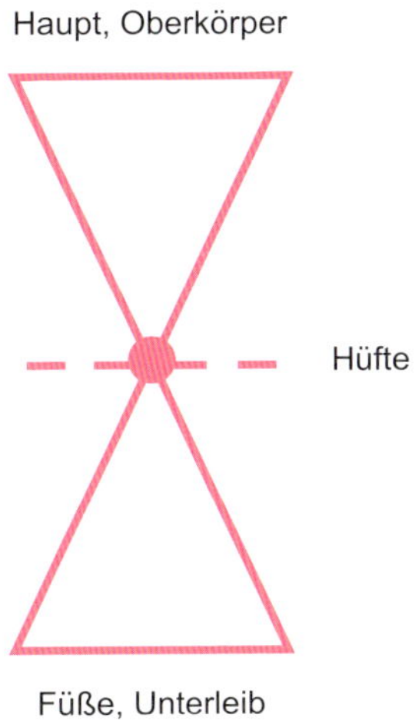

Abb. 64 Das Zeichen der Akka

Die Gestalt der Akka, der großen segensreichen Göttin, wird so deutlich. Dort, wo Oben und Unten zusammenkommen, in der Enge der Hüfte, entsteht das neue Leben. Somit gibt es nach dem Glauben unserer Vorfahren drei Mütter oder Heilrätinnen, die das Leben eines Menschen bestimmen, so die Studien von Prof. Wirth:

Sar-Akka: Sie führt die nach Inkarnation strebende Seele als Leibesfrucht der Mutter zu und wacht über das Gedeihen der Frucht.

Juks-Akka: Sie bestimmt das Geschlecht des Kindes.

Uks-Akka: Sie ist die Mutter, die am Bogen oder der Tür über die Geburt des Kindes wacht.

11.2 Die drei Mütter

Somit gab es also auch eine Erweiterung der einen Heiligen Großen Mutter zu drei Müttern. Sie tauchen später in der Geschichte als die „drei Bethen“ auf, als „drei Fräulein“ oder die drei „Nornen“. In ihrer Hut stehen die drei Lebensalter des Menschen. Sie symbolisieren aber auch die Dreiheit des Menschen, nämlich seine Erscheinung als Geist, Seele, Körper. Ist der Geist das Licht und der Körper das Dunkel, so bewegt sich die Seele auf beiden Ebenen. Die Seele kann sich der Erde wie dem Himmel zuneigen.

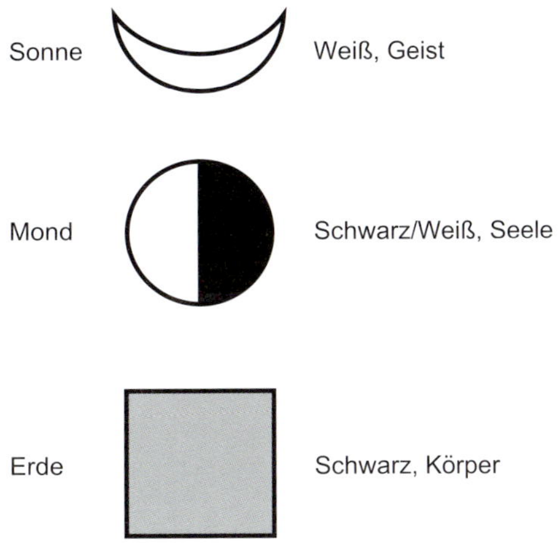

Abb. 65 Die drei Erscheinungsformen der Mütter

In den drei Nornen, die am Fuße der Weltenesche Yggdrasil hausen, sind uns mehrere Attribute dieser drei Mütter überliefert. Die nachfolgende Tabelle stellt diese dar:

Tabelle Die drei Mütter/Nornen

Mütter/Nornen	Urd	Verdandi	Skuld
Zeitebene	Vergangenheit	Gegenwart	Zukunft
Zeitform	die Wiederkommenden	die Werdenden	die Gehenden
Armhaltung	gesenkte Arme	linker Arm gesenkt, rechter erhoben; gekreuzte Arme	emporgehobene Arme
Geburt	die zur Wiedergeburt kommende Seele	Reifung im Mutterschoß	Geburt und künftige Wiedergeburt
Ausdruck	Kraft, Zeugung, Beseelung	Nachkomme, Kind, Geschöpf	Ordnung, Gesetz, Pflicht, Rechtsordnung der Gemeinschaft
Farbe des Gewandes	schwarz	unten schwarz/oben weiß	weiß
Tag	Nacht	Schwellen: Morgen, Abend	Tag
Tiere	Rabe, Katze	Elster	Schwan
Pflanzen	Einbeere	Holunder	Lilie
Atemraum	hintere Lungenteile, Bauch	Brust und Flanken	obere Lungenspitzen
Leitende Organe	Leber	Herz	Gehirn

11.3 Die Mutter und der Atem

Die Mutter hatte also zentrale Bedeutung für das Leben eines jeden Wesens. Sie stand für jenes Haus der Kraft und dunklen, geheimnisvollen Tiefe, aus der alles Leben kommt und wohin es auch zurückkehrt, um dort seine erneute Verwandlung zu erfahren. Die überlieferte alte Weisheit nimmt darauf Bezug und sagt, dass ein Kind die Gesundheit und Vitalität von der Mutter bekomme. Der Vater gebe die Kreativität dazu. Das ergibt Sinn, wenn wir bedenken, dass das Lebensnervensystem (Vegetativum) bei Frauen wesentlich kräftiger ausgebildet ist als beim Mann. Vom Lebensnervensystem hängt die vitale und wahrnehmende Qualität ab. Betrachten wir noch einmal das Akka-Zeichen (Abb. 64), das für den ewigen Wandel der Kraft steht, die das Jahr, also das Leben unterhält und beseelt. Es ist das Zeichen der Acht, das Unendlichkeitszeichen. Gleichzeitig ist dies das Symbol der Atem- und Blutwelle, die rhythmisch den Körper nach oben und unten durchströmt.

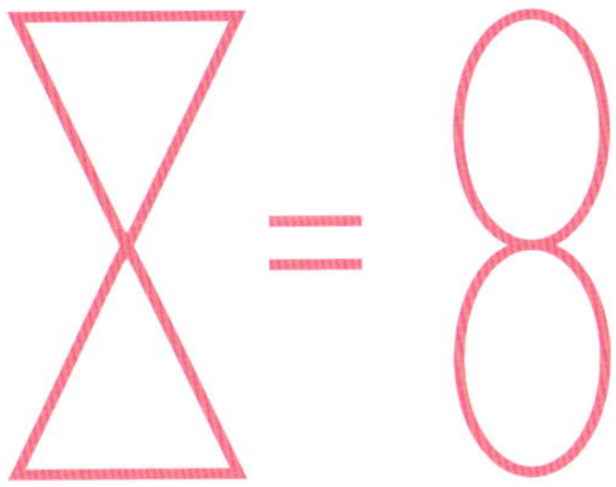

Abb. 66 Die Lebens- und Atemwelle

Der Atem wiederum ist entscheidend für die Energie der Nerven und für das elektromagnetische Feld des Menschen. Das Ein- und Ausatmen stellt stets ein Gleichgewicht der Energien her, das aber kein statischer Zustand ist, da es sich um Rhythmus handelt. Atem und Lebenspuls sind eins. Die Beseelung des Menschen, seine Wiedergeburt, sein Atem geschieht aus kosmischer Sicht heraus durch die Spaltung des Jahres in zwei Hälften. Dualität ist die Grundlage für das menschliche Leben und Erleben. Das Runenzeichen Odil in all seinen verschiedenen Formen steht für Atem, Beseelung, Be-Geisterung und ist auch das Zeichen der Mutter.

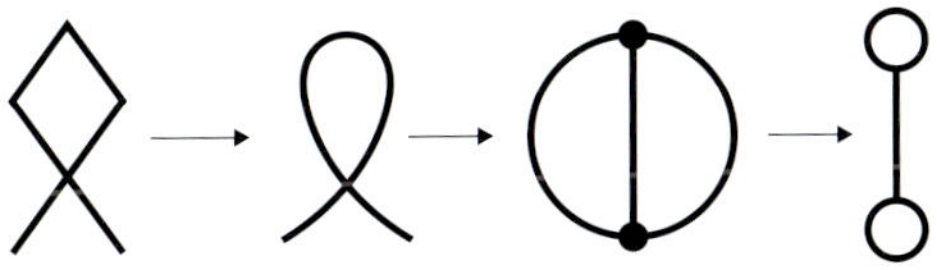

Abb. 67 Varianten des Odilzeichens

Wie wir gesehen haben, geben uns die drei mythischen Mütter das irdische Leben, ermöglichen Beseelung und Inkarnation. Im Leib unserer irdischen Mutter ist ihr Atem bildlich gesehen der unsere. So wie ihr Atem geht, ist es in uns bestellt. Der Atem wiederum ist ein ganzheitliches Geschehen. Zum einen ist der Atemvorgang ein unbewusster, der dem Unterhalt des Körpers mit Sauerstoff dient, bei gleichzeitiger Reinigung von überschüssiger Kohlensäure. Dieser Atem strömt ohne Einfluss des Wollens und ist abhängig von den organischen Gegebenheiten. Weiterhin wird der Atem aber auch mit von den Emotionen bestimmt. Gefühle können uns das Atmen schwermachen, die Luft abdrücken oder uns atemlos machen. Auch Gedanken haben einen Einfluss auf das Atemgeschehen. Wer seinen Intellekt überbetont, entwickelt meistens einen flachen und unrhythmischen Atem. Wer sein Bewusstsein durch Kontemplation oder Meditation erweitert, entwickelt einen tiefen, frei strömenden Atem.

Wird uns dies deutlich, so können wir ermessen, dass alle drei Ebenen ihren Einfluss auf den Atem der Mutter haben können. Die organische, physische Befindlichkeit unserer Mutter hat einen Einfluss auf ihren Atem und damit auch auf uns. Das Gleiche gilt auch für ihre psychische Befindlichkeit und ihr Bewusstsein. Über den Atem der Mutter werden uns sozusagen bestimmte innere „Landschaften" eingeprägt. Treten wir nun aus dem Mutterleib hinaus in das von ihr abgetrennte Leben, so orientiert sich unser System an den Vorgaben der Mutter. Wir übernehmen zunächst die Rhythmen und Qualitäten, die wir während der neun Monate kennengelernt haben. In uns geht der Atem der Mutter. Gleichzeitig beginnt mit dem ersten Atemzug unser eigenes Leben. Viel wird in unserem Leben davon abhängen, ob wir wirklich unser eigenes Sein entwickeln, d.h. in unseren eigenen Atem hineinkommen, oder ob wir uns immer noch als von der Mutter abgetrennte, isolierte Wesen erfahren, die deren Atem weiterpflegen, um die Heimat nicht zu verlieren. Der Atem aber ist Träger aller essenziellen Dinge in uns. Nur was wir mit unserem eigenen Atem tragen, kann zur Verwirklichung und Vollendung gelangen. Leben wir auch weiterhin vom geliehenen Atem der Mutter, so wird nichts zu unserer eigenen Sache und wir werden keinen Erfolg im Leben haben. Andere wiederum werden in stetem Zwiespalt mit sich leben, weil ihr eigener Atem mit dem der Mutter ringt, um es bildhaft auszudrücken. Die Mutter ist Anfang und Ende, aber es ist der befreite Lichtbringer, der junge Gottessohn, der seine eigene Geschichte, seine Biografie im Laufe eines Jahres/Lebens schreibt. Die Mutter als Archetypus ist also Ausgang und Basis, ist auch das Ziel, denn sie ist Heimat. Aber über den Eigenatem muss jeder auf Erden geborene Mensch seine ureigene Lebensmelodie entwickeln. Um auf solchem Wege voranzukommen, haben weise Menschen schon vor undenklicher Zeit Übungen für den eigenen Atem entwickelt. Der Atem ist das A und O für die Ablösung aus allen vorgegebenen Mustern, ist der Weg zu Eigenständigkeit und Freiheit. Es war zu Beginn des letzten Jahrhunderts, als Dr. O. Z. Hanish diesen Grundgedanken der Atemübungen neu herausgestellt hat. Hanish gehörte zu jener großen Bewegung Ende des 19. Jahrhunderts, die als Lebensreformbewegung in die Geschichte einging. Hanish und seine Zeitgenossen haben Atemübungen aus Asien und dem Orient aufgegriffen und weitergegeben, um einen Weg zur eigenen Freiheit zur ermöglichen.

11.4 Die Mutter und die drei grundlegenden rhythmischen Atemübungen

Wir haben den Zusammenhang zwischen dem Zeichen der Mutter und der Atemwelle gesehen. Die Form der Acht verbindet das Oben mit dem Unten. Bezüglich des Atems wird heute vor allem der Prozess der Sauerstoffaufnahme betont. Schon weniger wird auf die Bedeutung des Ausatems, also der Befreiung von Kohlensäure, hingewiesen. Und kaum Beachtung findet die Tatsache, dass jeder Atemzug auch auf die Flüssigkeitssäule in der Wirbelsäule wirkt, die wiederum mit dem Gehirnwasser in Kontakt steht. Der Atem erzeugt eine Druckwelle in ihr, die zuerst an das Hinterhaupt anstößt. Dort finden wir jene Intelligenz in uns als wirksam, die mit der praktischen Verwirklichung und mit der stofflichen Ebene in Zusammenhang steht. Es ist der Sitz unserer Selbsterhaltungskraft, unseres Überlebenswillens und unserer vitalen Befindlichkeit. Die allgemeine integrative Zone – kurz AIZ genannt – hat dort ihren Sitz, und ebenfalls die Sehrinde. Das AIZ enthält unsere vergangenen Erfahrungen und damit auch alle unsere daraus entstandenen Glaubensmuster und Werte. Die erste Atemübung wirkt nun gerade auf dieses Areal des Kopfes und deren Qualitäten ein. In gewissem Sinne können wir sagen, dass die erste rhythmische Atemübung der irdischen Mutter geweiht ist. Dies ist ganz konkret gemeint. Die Konstitution der Mutter, ihre Erlebenswelt und ihr Denken zur Zeit von der Empfängnis bis zur Geburt prägen das werdende Leben. In diesem Sinne gibt die Mutter ihren dreifachen Atem an uns weiter. Zum einen eben auch den materiellen, muskulären Atem, der sowohl für das organisch biologische wie auch kollektive Erbe steht. Die in der Dunkelheit der Erde wohnende Mutter steht sowohl mit unserer eigenen Vergangenheit (Stichwort „Karma") als auch mit den Ahnen in Verbindung. Wie es der Mutter körperlich und gesundheitlich geht zur Zeit der Schwangerschaft, auch das prägt sich unserem Atem auf. Zumeist ist der „ererbte" Atem kürzer als der tatsächliche Eigenatem eines Menschen. Aber die Umstände können diesen noch verändern. Die erste rhythmische Atemübung soll nun dazu dienen, dass wir uns organisch vom Atem der Mutter und vom „Erbe" generell befreien. Es geht um die Ablösung all der kollektiven, übernommenen Muster, um zu unserem eigenen organischen Atem zu finden.

Die zweite rhythmische Atemübung wirkt auf die emotional-astrale Ebene ein, denn sie betont Brust- und Flankenatem. In diesem Bereich, in dem auch die Thymusdrüse liegt[9], arbeiten unsere Gemütskräfte intensiv. Tiefe Gefühle und Erregung wirken auf den Flankenatem. Erfährt die Mutter nun gute Gefühle während der Schwangerschaft, so wird dies seine positive, weitende Wirkung auf diesen Teil des Atembereiches ihres Kindes haben. Schmerzvolle, deprimierende, beängstigende Umstände dagegen wirken hemmend auf diesen Atem. Die emotionale Lage, die Gefühlslage der Mutter spielt hier also eine wichtige Rolle.

Die dritte Atemübung wendet sich an das bewusste Denken und die Kraft der Konzentration. Welche Gedanken unsere Mutter während der Schwangerschaft hegte, welches Bewusstsein sie entwickelt hat, das kann auch unser eigenes späteres Denken einfärben. Durch die dritte Atemübung stärken sich unsere eigene Bewusstheit und die Konzentrationsfähigkeit. Dies wird nur möglich, wenn die physische Ebene das mit trägt und unser Emotionalkörper ein gewisses Maß an Gelassenheit entwickelt hat.

Somit finden wir die drei rhythmischen Atemübungen als Möglichkeit, auf den drei grundlegenden Ebenen unseres Seins zu uns selbst zu finden. Wenn wir in unserem eigenen Atem sind, dann sind wir bei uns selbst angekommen. So lange das nicht der Fall ist, leben wir von dem von der Mutter geliehenen Atem. Und dieser ist von geringerer Energie, ermöglicht so-

9 Thymusdrüse, siehe Spirituelle Heilkunst Band 3.

mit auch eine kürzere Lebensdauer, als der entwickelte, bewusst geführte Eigenatem.

Jede der Atemübungen ist also mit einer entsprechenden Ebene verbunden. Und jede dieser drei Ebenen hat wiederum einen Bezug zu einer der drei archetypischen Mütter und besitzt ein eigenes Symbol. Das zeigt die nachfolgende Abbildung:

Abb. 68 Die drei Wesensglieder des Menschen als Symbole

Tabelle Mutter und Atem

1. Atemübung	2.Atemübung	3.Atemübung
irdische Mutter	leibliche Mutter	himmlische Mutter
Quadrat	Kreis	Sichel
praktisch-verwirklichende, materielle Intelligenz	schöpferisch-intuitive, seelische Intelligenz	kognitiv-analytische Intelligenz
Hinterkopf	Schläfen, Scheitel	Stirnfront

Die praktische Ausführung dieser rhythmischen Atemübungen führt uns ebenfalls zurück zur Symbolik der Mütter. Dabei spielt nämlich wiederum die 8 eine wichtige Rolle. Wir atmen bei diesen Übungen sieben Sekunden ein, stauen 1 Sekunde den Atem, bevor dieser sich umkehrt zum Ausatmen. 7 Sekunden atmen wir aus, stauen 1 Sekunde den Atem, bevor erneut der Einatem startet. Somit erhalten wir jeweils 7 fortschreitende Stufen, während die achte Stufe Innehalten und Wendepunkt ist. Die 8 ist Ende und Anfang zugleich, entspricht also dem Wintersonnwendpunkt, dem Haus der Mutter, an dem alles beginnt und wieder endet.

Abb. 69 Welle der rhythmischen Atemübung

Aus der Musik kennen wir diesen Vorgang auch in Form der Tonleiter und ihren Tonstufen (Intervalle). Es ist die Oktave, die dieses Prinzip der Atemübung verkörpert. Die Oktave steht am Ende der Tonleiter und birgt zugleich die Möglichkeit, eine neue Prim zu sein. Dies ist nichts anderes als das Prinzip der Selbstwiederholung. Forscher haben herausgefunden, dass die Natur vor allem mit diesem Prinzip arbeitet. Da es sich dabei um ein rhythmisches Geschehen handelt, ist es keine Anfertigung von Kopien, sondern eine Wiederholung des Ähnlichen. Ein Kind ist eine ähnliche Wiederholung seiner Eltern, ist aber nie eine Kopie. Bei unseren Vorfahren findet sich das Prinzip der Leiter und unendlichen Lebenswelle überaus häufig. Auch die Acht mit ihrem Mittelpunkt, als von Akka abgeleitetes Zeichen, findet sich als Ornament auf Pflanz- und Grabstöcken in den alten Kulturen, so die unendliche Lebenskette darstellend.

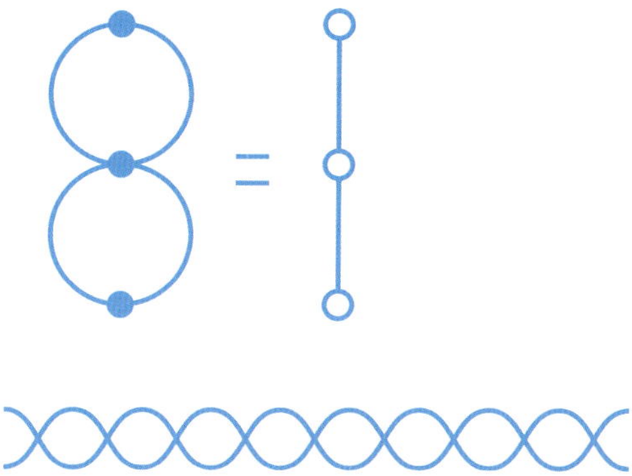

Abb. 70 Lebenskette

Wir können anhand dieser Ausführungen erkennen, welche wichtigen Lebensprinzipien im kosmischen Bild von der Mutter niedergelegt sind, welche Affinität das zum Atem hat und welche Bedeutung diesem Wissen für unser eigenes Leben zukommt.

Schlussbetrachtung

Wir haben einen weiten Bogen zwischen dem physischen und spirituellen Aspekt des Atems gespannt. Die Mutter, die uns einst ihren Atem, ihr Bewusstsein lieh, wurde gewürdigt und viele Wege und Unterstützungen wurden aufgezeigt, in seinen Eigen- und Schöpfungsatem zu kommen. Wenn auch niemand von uns immer alle Übungen durchführt, so verfügen wir über eine große Auswahl möglicher Kombinationen, so dass wir nach dem Lustprinzip mal mit der einen, mal mit der anderen Übung intensive Erfahrungen machen können. Was wir auch für Atem und Bewusstsein tun, recht schnell spüren wir im Alltag, dass wir schöpferischer, gelassener, erfolgreicher und demütiger werden. Im Leben geht es weniger um das, was wir tun, sondern darum, wie wir es tun.

Von vielen Kollegen und Patienten bekommen wir ein Feedback, wie positiv sich ihr Prozess der Lösung vom Mutteratem in ihrem Privat- und Berufsleben ausgewirkt hat. Möge auch Ihnen viel Gutes im Prozess und mit den Übungen widerfahren.

Die kinesiologische Balance zum Thema „Mutteratem"

Unter den Kollegen gibt es immer wieder Kinesiologen, die den eventuell auftretenden Stress mit der Mutteratemthematik mit ihren Methoden lösen können. Darum gebe ich an dieser Stelle ein Beispiel. Ich setze allerdings im Folgenden voraus, dass die Grundlagen der Angewandten Kinesiologie bekannt sind.

Vorbereitung: Stellen Sie zwei Stühle bereit. Auf dem einen liegt ein Zettel mit der Aufschrift „Mutteratem", auf dem anderen ein Zettel mit der Aufschrift „Eigenatem".

- Bitten Sie den Klienten, sich zunächst hinter die Lehne mit dem Stuhl „Eigenatem" zu stellen und dort ein paar Minuten bewusst zu atmen.
- Bitten Sie den Klienten, intuitiv zu spüren, zu wie viel Prozent sie/er in seinem Eigenatem ist.
- Dann lassen Sie den Klienten hinter der Lehne „Mutteratem" ebenfalls ein paar Minuten atmen und fragen ihn, zu wie viel Prozent sie/er jetzt spürt, im eigenen Atem zu sein.

Die meisten Klienten empfinden ihren Eigenatem in etwa zu 30 % bis 50 %.

Nun folgt die kinesiologische Balance zu dem Thema „Ich lebe meinen Atem auf allen Seinsebenen".

- Vortests
- Testen Sie zunächst die 8 Urmeridiane.
- Sollten mehrere abschalten, stellen Sie die Priorität fest.
- Balancieren Sie den Urmeridian mit den Ihnen zur Verfügung stehenden Mitteln.
- Testen Sie dann über die Alarmpunkte die 12 Hauptmeridiane und ermitteln Sie die Ursachen-Unterenergie.
- Stellen Sie fest, welches psychisch-mentale Thema über diesen Meridian zum Ausdruck kommt.
- Testen Sie, ob eine Altersrückführung notwendig ist.
- Sammeln Sie weitere Informationen, die Ihnen wichtig sind.
- Führen Sie nun – ggf. im Ursprungsalter des Stresses – eine ESA durch.
- Schließen Sie die Balance ab – nicht vergessen, wieder ganz ins Hier und Jetzt zurückzukehren!
- Lassen Sie den Klienten wieder an den Stuhl „Eigenatem" treten und ein paar Minuten seine neu erworbene Atemenergie spüren.
- Fragen Sie, zu wie viel Prozent sich der Eigenatem verstärkt hat.
- Lassen Sie den Klienten an den Stuhl „Mutteratem" treten und auch dort ein paar Minuten verweilen, damit sie/er spürt, ob der Eigenatem jetzt stärker ist als der Mutteratem oder der Mutteratem bereits überflüssig geworden ist.

Eine kinesiologische Stressablösung ist von großer Kraft. Dennoch empfehle ich, den Klienten in rhythmischen Atemübungen zu unterweisen, damit, wie im Buch beschrieben, das eigene Bewusstsein durch die Atemvertiefung und Atemverfeinerung wachsen kann.

Literaturverzeichnis

Apte, Vaman Shivram: Sanskrit-English Dictionary. Motilal Banarsidass Publishers Delhi 1973

Avalon, Arthur: Shakti und Shakta. Otto Wilhelm Barth Verlag, 5. Auflage 1959

Avalon, Arthur: Die Schlangenkraft. Otto Wilhelm Barth Verlag, 4. Auflage 1988

Bode, Sabine: Die vergessene Generation. Piper Verlag, 15. Auflage 2010

Böthlingk: Sanskrit-Wörterbuch, 3 Bände. Motilal Banarsidass Publishers Delhi 1991

Cappeller, Carl: Sanskrit-Wörterbuch. Walter de Gruyter Verlag, 1955, Neudruck der Ausgabe von 1887

Iyengar, B. K. S.: Licht auf Pranayama. Otto Wilhelm Barth Verlag, 2. Auflage 1992

Knauss, Harald und Sonnenschmidt, Rosina: Übungs-CD mit Musik zu den Atem- und Drüsenübungen. Narayana Verlag 2009

Knauss, Harald: Schriftenreihe Spirituelle Heilkunst, Band 1 „Grundlagen und Hintergründe der spirituellen Heilkunst". Narayana Verlag 2009

Knauss, Harald: Schriftenreihe Spirituelle Heilkunst, Band 2 „Der Atem – Schlüssel zum Lebensrhythmus". Narayana Verlag 2010

Knauss, Harald: Schriftenreihe Spirituelle Heilkunst, Band 3 „Drüsen und Cakras – Zentren der Schöpferkraft und Transformation". Narayana Verlag 2010

Knauss, Harald: Die Botschaft der Bäume - Band 1: Die Welt der Bäume und die Essenzen der Nadelbäume. Narayana Verlag 2011

Knauss, Harald: Die Botschaft der Bäume - Band 2: Die Essenzen der Laubbäume mit Baum-Repertorium. Narayana Verlag 2011

Knauss, Harald: Die sieben Stufen des Heilungsweges und die Tao-Essenzen. Narayana Verlag 2009

Kōun-An Dōru Chicō Rōshi (Brigitte D´Ortschy): Abendspruch, 3 CDs. Wolkenverlag

Scheffer, Mechthild: Die Original Bach-Blütentherapie. Das gesamte theoretische und praktische Bach-Blütenwissen. Vollständig aktualisierte und erweiterte Ausgabe, Südwest Verlag, München 2011

Mechthild Scheffer: Der Original Bach-Blüten Check-up. Das Kartenset zur einfachen Anwendung der Bach-Blütentherapie. Irisiana, München 2010

Sonnenschmidt, Rosina; Knauss, Harald: Das Auto aus heiterer und homöopathischer Sicht. Narayana Verlag 2009

Sonnenschmidt, Rosina; Knauss, Harald: Raumharmonie mit Homöopathie. Narayana Verlag 2011

Sonnenschmidt, Rosina: Radionischer Energietest. Narayana Verlag 2008

Sonnenschmidt, Rosina: Schriftenreihe „Organ – Konflikt – Heilung", Band 1 „Blut - flüssiges Bewusstsein". Narayana Verlag 2009

Sonnenschmidt, Rosina: Schriftenreihe „Organ – Konflikt – Heilung", Band 2 „Leber und Galle – erworbene Autorität". Narayana Verlag 2009

Sonnenschmidt, Rosina: Schriftenreihe „Organ – Konflikt – Heilung", Band 3 „Verdauungsorgane – der Weg zur Mitte". Narayana Verlag 2009

Sonnenschmidt, Rosina: Schriftenreihe „Organ – Konflikt – Heilung", Band 4 „Nieren und Blase – Leben und Bewusstsein". Narayana Verlag 2009

Sonnenschmidt, Rosina: Schriftenreihe „Organ – Konflikt – Heilung", Band 5 „Nieren und Blase – Basis der Selbstverwirklichung". Narayana Verlag 2009

Sonnenschmidt, Rosina: Schriftenreihe „Organ – Konflikt – Heilung", Band 6 „Herz und Kreislauf – natürliche Autorität". Narayana Verlag 2010

Sonnenschmidt, Rosina: Schriftenreihe „Organ – Konflikt – Heilung", Band 7

„Endokrine Drüsen – Basiskräfte der Spiritualität" Narayana Verlag 2010
Sonnenschmidt, Rosina: Schriftenreihe „Organ – Konflikt – Heilung", Band 8 „Weibliche und männliche Sexualorgane – Selbstverwirklichung". Narayana Verlag 2010
Sonnenschmidt, Rosina: Schriftenreihe „Organ – Konflikt – Heilung", Band 9 „Gehirn und Nervensystem – Blüte der Spiritualität". Narayana Verlag 2010
Sonnenschmidt, Rosina: Schriftenreihe „Organ – Konflikt – Heilung", Band 10 „Sinnesorgane – Wunderwerk der Kommunikation". Narayana Verlag 2011
Sonnenschmidt, Rosina: Die Schüßler-Therapie mit 36 Mineralsalzen. Narayana Verlag 2011
Sonnenschmidt, Rosina: Über Gewicht. Narayana Verlag 2010
Wirth, Herman: Die heilige Urschrift der Menschheit. Mutter Erde Verlag 1997
Wenz, Evans Y.: Tibetian Yoga and Secret Doctrines. Oxford University Press 1935

Abbildungsverzeichnis

Abb. 1-5, 28, 30, 34, 45, 50, Kapitelbilder 1-8, 11, Schlußbetrachtung und alle Schmuckbilder: von iStock.com

Abb. 6-11, 29, 42, 44, 47-49, 51-70: von Rosina Sonnenschmidt und Harald Knauss.

Abb. 12-27, 35-41: Schneider-Will

Abb. 31-33: von Mechthild Scheffer.

Abb. 43: aus einem Kartenset vom Karyô-jî Tempel in Kyoto (Privatbesitz).

Abb. 46: © Igor Korionov - Fotolia.com

Kapitelbild 9: © Natalia Bratslavsky - Fotolia.com

Kapitelbild 10: © Oleg Kozlov - Fotolia.com

Bach-Blüten

Nähere Informationen zur **Bach-Blütentherapie**: www.bach-bluetentherapie.com

Kurse der Autorin

Medial- und Heilerschulung, gemeinsam mit Harald Knauss. Info: www.mediale-welten.com

- „Miasmatische Homöopathie" mit Zertifizierungsmöglichkeit für Ärzte und Heilpraktiker.
- Infos: www.rosina-sonnenschmidt.de und www.isolde-richter.de (Organisation HP-Schule Isolde Richter)
- „Angewandte Kinesiologie" gemeinsam mit Harald Knauss (Grundlagen, ESA, Urmeridiane, Hauptmeridiane, Stressgrafiken) Info: www.rosina-sonnenschmidt.de
- „Spirituelle Heilkunst", Atem-, Drüsen- und Harmonieübungen, Aufstellung und Lösung des Mutteratems für Therapeuten gemeinsam mit Harald Knauss. Infos: www.spirituelleheilkunst.de

Online Webinar beim Narayana Verlag

Online Webinar mit Rosina Sonnenschmidt zur Organreihe

Infos und Anmeldung unter: www.narayana-verlag.de

- Ab 1965 Musikstudium, Orientalistik
- 1972/73 und 1978/79 Feldforschung in Nordindien
- 1977 Promotion in Musikethnologie, Indologie, Ägyptologie
- 1972 - 1984 regelmäßige Redaktionelle Hörfunkarbeit im WDR, SDR und SWF zum Thema „Musikethnologie“
- 1980-1998 Sängerin des Sephira-Ensembles mit vielen CD-, Funk- und Fernsehaufnahmen.
- 1990-1992 Ausbildung in Kinesiologie (TFH Instructor, Three-In-One-Facilitator)
- Ab 1990 Einführung der ganzheitlichen Vogelheilkunde mit zahlreichen Fachpublikationen.
- 1994 Entwicklung und Einrichtung der WINGS® Tierkinesiologie für Tierärzte
- 1996 - 2002 Guest lecturer in den USA, in Kanada, England, Schweiz und Österreich für Tiermediziner (IVAS, AHVMA, BVMA)
- Seit 1998 Ausbildung der Tierärzte in WINGS® Tierkinesiologie unter der Schirmherrschaft der GGTM (Gesellschaft für Ganzheitliche Tiermedizin)
- 1973 – 1985 Schülerin der Zen-Meisterin Kôun-An Dôru Chicô Rôshi (Brigitte D´Ortschy)
- Seit 1984 Medial- und Heilerschulung bei Margaret Pearson, Mary Duffy (…), Ray Williamson, Chris Batchelor, Tom Johanson (…) in England und Deutschland
- 1986 – 1994 Privatstudium in Homöopathie mit dem Schwerpunkt der Miasmen
- 1994-1999 Ausgewählte Seminare bei Dr. Mohinder Jus in der Schweiz und Andreas Krüger in Deutschland
- Seit 1994 zusammen mit Harald Knauss Leitung der Medial - und Heilerschulung
- Seit 1999 Naturheilpraxis für Homöopathie
- 2006 und 2009 Einladung zur Kaiserlichen Homöopathiegesellschaft in Tokyo (Japan)
- 2009 Ehrenmitglied der Kaiserlichen Homöopathiegesellschaft Japan

Autorin vieler Fachbücher zum Thema Homöopathie und Heilkunst

Set der Organ-Schriftenreihe in 12 Bänden

Das Set kostet nur 12 x € 26 = € 312. Nach Erscheinen aller Bände kostet das Set € 365 (statt 12 x € 34 EUR = € 408).

Die Schriftenreihe wird über einen Zeitraum von 2 Jahren erscheinen. Insgesamt werden es 12 Bände, wobei jeder Band ein Organsystem behandelt:

Band 1: Blut – flüssiges Bewusstsein, Band 2: Leber und Galle – erworbene Autorität, Band 3: Verdauungsorgane – der Weg zur Mitte, Band 4: Atemorgane – Leben und Bewusstsein, Band 5: Nieren und Blase – Basis der Selbstverwirklichung, Band 6: Herz und Kreislauf – natürliche Autorität, Band 7: Endokrine Drüsen – Basiskräfte der Spiritualität, Band 8: Weibliche und männliche Geschlechtsorgane – Selbstverwirklichung, Band 9: Gehirn und Nervensysteme – Blüte der Spiritualität, Band 10: Sinnesorgane – Wunderwerk der Kommunikation, Band 11: Gliedmaßensystem - Fort-Schritt auf allen Ebenen, Band 12: Häute und Lymphsystem – Bastionen der Immunkraft

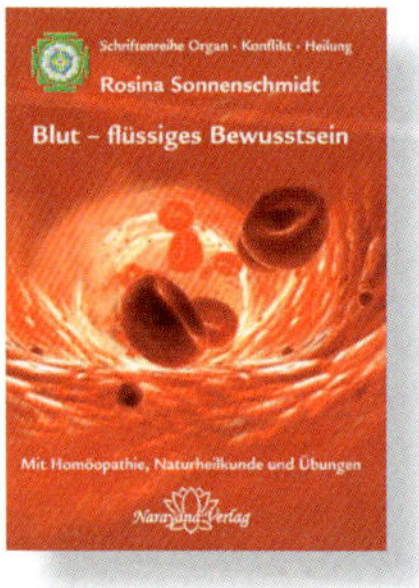

Blut – flüssiges Bewusstsein –Band 1

116 Seiten, geb., € 34.-

Im ersten Band geht es um das Blut. Allein die Wörter „Blutrache“ oder „Blutopfer“ zeigen die extremen Aspekte, die mit diesem Thema verbunden sind. Rosina Sonnenschmidt geht ausführlich auf die verschiedenen Blutparameter und Blutgruppen sowie deren Bedeutung ein. Sie zeigt wie Blutbildung, Blutqualität und Regeneration durch naturheilkundliche Therapien wie Frischsäfte und rhythmisches Atmen angeregt werden können.

Leber und Galle – erworbene Autorität – Band 2

128 Seiten, geb., € 34.-

Die Leber steht für erworbene Autorität, Schöpferkraft, Humor und Tatendrang. Wird dies durch mangelndes Selbstwertgefühl unterdrückt, kommt es zur Aggression – "die Galle läuft über" – und vielfältige Krankheiten wie die harnsaure Diathese mit Rheuma und Diabetes entstehen.

Rosina Sonnenschmidt vermag, die typischen Leberkonflikte und deren Lösung nachvollziehbar darzustellen. Die Leber übt als zentrales Stoffwechselorgan die wichtigste Entgiftungsfunktion im Körper aus. Die erfahrene Autorin gibt praktische Ernährungsratschläge zur Entsäuerung und Entgiftung und nennt pflanzliche Heilmittel z.B. bei Leberinsuffizienz, Gallenleiden sowie Kuren zur Ausscheidung von Leber- und Gallensteinen.

Verdauungsorgane – der Weg zur Mitte – Band 3

120 Seiten, geb., € 34.-

Das Werk ist wieder eine Fundgrube an praktischen Tipps aus der gesamten Naturheilkunde. Besonders wertvoll sind die übersichtlich dargestellten Biokonflikte der Verdauungsorgane mit den jeweils passenden homöopathischen Mitteln und der naturheilkundlichen Therapie. Die besprochenen Erkrankungen reichen von Karies, Gastritis über Colitis ulcerosa bis zum Speiseröhrenkrebs.

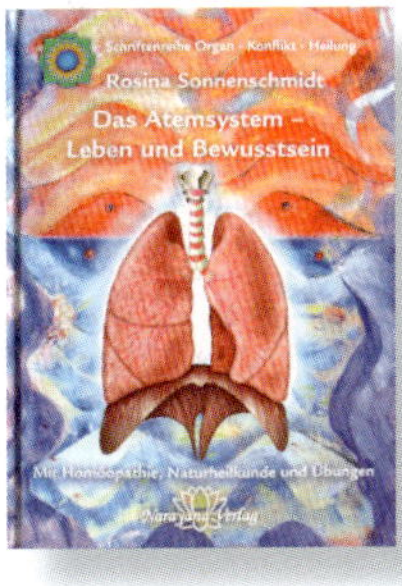

Das Atemsystem – Leben und Bewusstsein – Bd 4

152 Seiten, geb., € 34.-

Durch die bewusste Kultivierung des Atems können wir entsäuern, entschlacken, die Stimmung aufhellen, abnehmen oder zunehmen, die inneren Organe massieren, die Durchblutung optimieren, die Sinneswahrnehmung schärfen und inneres Glück erlangen. Durch falsches Atmen kommt es zu einer Reihe von Erkrankungen. So wie es keine chronische Krankheit ohne Verdauungs- und Leberprobleme gibt, so wenig gibt es sie ohne Verflachung des Atems. Durch bewusstes Atmen kann der Patient aktiv beim Heilungsprozess mitwirken.

Nieren & Blase - Basis der Selbstverwirklichung – Bd. 5

120 Seiten, geb., € 34.-

Die Nieren sind Träger der Schöpferkraft und Potenziale. Mit der Nierenenergie sind Themen verbunden wie Sicherheit, Halt, Festigkeit und Stabilität. Wenn einem etwas „an die Nieren geht", geht es um die existenzielle Angst, den Boden, das Fundament unter den Füßen zu verlieren.

Herz und Kreislauf - natürliche Autorität – Bd 6

136 Seiten, geb., € 34.-

Im Zentrum stehen die harmonikalen Ordnungen von Herz und Kreislauf, Klänge und Rhythmen des Blutkreislaufs. Sie werfen ein neues Licht auf die häufigen Herz-Kreislaufkrankheiten wie Arteriosklerose, Herzinfarkt, Bluthochdruck, Herzrhythmusstörungen, Herzinsuffizienz und Venenleiden. Erkenntnisse der Kardiologie werden ebenso betrachtet wie die Konflikte von Herz und Kreislauf sowie ihre Lösungen.

Endokrine Drüsen – Basiskräfte der Spiritualität – Bd. 7

184 Seiten, geb., € 34.-

Rosina Sonnenschmidt vermittelt im siebten Band eine völlig neue Sichtweise der tieferen Funktionen von Nebennieren (Wurzeln der Lebenskraft), männlichen und weiblichen Keimdrüsen (Sakral-Energien), Pankreas (die goldene Mitte), Thymusdrüse (das große Ich), Schilddrüse (Selbstausdruck), Hypophyse und Epiphyse (Steuerung der Hellsinne).

Weibliche und männliche Sexualorgane - Selbstverwirklichung - Band 8

144 Seiten, geb., € 34.-

Wir Menschen stehen für Polarität, in uns wirken die Naturgesetze mittels Kreisläufen, Synergien und Rhythmen. Zeugung und Fruchtbarkeit sind die Urmatrix von Leben.

Das Ziel des Buches ist, den eigenen schöpferischen Energien zu vertrauen und viele Ideen für eine ganzheitliche Behandlung von Krankheiten der männlichen und weiblichen Organe zu gewinnen.

Gehirn und Nervensystem - Blüte der Spiritualität - Bd. 9

176 Seiten, geb., € 34.-

Gehirn- und Nerventätigkeit sind die schnellsten Rhythmen, die unser menschliches Leben ausmachen. Diese Schnelligkeit hat sich deutlich in unserer schnelllebigen Zeit manifestiert. Im Zentrum stehen Kommunikation, Sprache und Selbstausdruck sowie der größte Nervenkonflikt unserer Zeit – der Stress – und deren ganzheitliche Behandlung.

Sinnesorgane - Wunderwerk der Kommunikation - Bd 10

168 Seiten, geb., € 34.-

Im zehnten Band gibt Rosina Sonnenschmidt eine ganzheitliche Sichtweise von Tastsinn, Geruchssinn, Geschmackssinn, Hörsinn und Sehsinn. Sie erläutert die Physiologie der Sinnesorgane und zeigt, wie die Hellsinne geschult und eingesetzt werden können. Die Konflikte hinter den Sinnesorganen verdeutlichen, wie eng die eingeschränkte Wahrnehmung mit dem eigenen Bewusstsein verbunden ist und wie wichtig im Leben gute Instinkte und Intuition sind.

Über Gewicht

Vom Ab- und Zunehmen - Mit Heilnahrung und Homöopathie

200 Seiten, Heft, € 34.-

Bei Übergewicht empfindet man sich unbewusst als zu leicht. Es mangelt an Erdung und man beschwert sich mit materieller Nahrung. Bei Untergewicht nimmt man sich als zu schwer wahr und erleichtert sich durch Verzicht auf Nahrung.

Eine verblüffend einfache Erklärung, die sich bei der beliebten Autorin Rosina Sonnenschmidt in ihrer Praxis vielfach bewahrheitet hat.

Rosina Sonnenschmidt versteht es, eine versöhnliche Haltung des Lesers zu sich selbst anzuregen und stellt die Neigung zu viel oder zu wenig zu essen in einem ganzheitlichen Behandlungskonzept vor.

Dabei bilden Basistherapien mit Darmsanierung, Entsäuerung, rhythmischen Atemübungen und Hautpflege das Fundament. Darauf baut die Haupttherapie mit Ernährung und Homöopathie auf. Im Zentrum der Heilnahrung, rhythmisiert durch den „Lusttag" (therapiefreien Tag), stehen bewährte Ernährungsangebote mit Dampfgegartem, Rohsäften, grünen Dicksäften und Heilgetränken.

Homöopathie bei Radioaktivität

Ganzheitliche Prophylaxe und Behandlung von Strahlenschäden

100 Seiten, geb., € 19.80

Die bekannte Autorin beschreibt in Ihrem neuesten Werk die Prophylaxe und Therapie von Strahlenschäden mit Homöopathie, Schüßler-Salzen und Naturheilkunde. Sie schöpft aus ihrer großen Erfahrung von der Behandlung von Strahlenschäden nach Strahlentherapie sowie der Behandlung von japanischen Patienten.

Rosina Sonnenschmidt erläutert, welche homöopathischen Mittel bei Befürchtungen und Ängsten vor radioaktiver Belastung angezeigt sind. Sie beschreibt, wie Radioaktivität auf den Körper wirkt und welche Organe besonders strahlenempfindlich sind. Dabei schildert sie detailliert die sechs Kardinalarzneien zur homöopathischen Behandlung von Strahlenschäden wie Caesium und X-Ray sowie weitere oft ungewöhnliche Arzneien wie Cisplatinum, Benzinum und Kresolum. Aus ihrer Erfahrung stellt sie bewährte Therapieabläufe mit der Plus-Methode dar. Ein weiteres Kapitel widmet sich den Schüßler-Salzen und deren Potenzialen bei Strahlenschäden.

Bei Strahlenbelastung sind naturheilkundliche Maßnahmen wie Ernährung mit Rohsäften und enzymreichen Früchten, Rizole und Darmsanierung äußerst effektiv und werden praktisch beschrieben. Abgerundet wird das Werk durch leicht umsetzbare Atemübungen.

Die Schüßler-Therapie mit 36 Mineralsalzen

180 Seiten, 2 Bände (Lehrbuch mit Farbtafelnbeiheft), € 49.-

Die Schüßler-Salze zählen auch 140 Jahre nach ihrer Entdeckung zu den beliebtesten naturheilkundlichen Therapien.

Rosina Sonnenschmidt hat langjährige Erfahrung mit den Schüßler-Salzen und vermag, diese in lebendiger und übersichtlicher Form darzustellen. Neben den klassischen Salzen 1-12 erläutert sie erstmals auch die Gesichts- und Körperzeichen der weniger bekannten Salze 13-27. Als Neuheit beschreibt sie weitere neun Salze, die sich bei ihr in der Praxis als sehr nützlich erwiesen haben und für die heutige Zeit besonders wichtig sind. Somit steht erstmals ein erweitertes Sortiment von 36 der wichtigsten Mineralsalze für eine differenzierte Therapie zur Verfügung.

Das Werk ist für die tägliche Praxis geschaffen und enthält zahlreiche Abbildungen für die Antlitzdiagnose, Bezüge zu den Miasmen und Tipps zur Beseitigung der Belastungen durch Heilnahrung und Ausleitungen. Die einzelnen Arzneifamilien wie Calcium-, Kalium- und Natriumsalze werden auch als Gruppe erläutert, welches die Ähnlichkeiten besser erkennen lässt.

Besonders hilfreich sind die 36 großen Farbtafeln im Beiheft, welche auf einen Blick für jedes Mineralsalz die Hauptpunkte, wichtige Zusammenhänge und Unterschiede zu anderen Salzen zeigen.

Die beliebte Autorin geht mit diesem Werk weit über die übliche Auflistung typischer Symptome hinaus und stellt die Schüßler-Salze erstmalig im ganzheitlichen Zusammenhang dar. Es ist, als ob die Salze mit ihren Eigenarten zum Leben erweckt werden. Für den Leser entsteht ein klares Bild, das leicht in der Praxis umgesetzt werden kann – ein Meilenstein in der Schüßler-Therapie.

Radionischer Energietest

Anleitungsbuch mit 12 Tafeln für die tägliche Praxis, € 34.-

Biophysikalische Testverfahren sind aus der heutigen Ganzheitsmedizin nicht mehr wegzudenken. Sie sind wertvolle Hilfen, eine sogenannte Systemdiagnose für einen Menschen zu erstellen und die für ihn passende Behandlung zu testen.

Rosina Sonnenschmidt hat 20 Jahre Lehr- und Praxiserfahrung mit energetischen Testverfahren und hat zu diesem Thema auch Standardwerke geschrieben. Mit ihrem neuen, modernisierten Lehrbuch „Radionischer Energietest“ und 12 Testtafeln bietet sie eine professionelle Hilfe für den Praxisalltag.

Set der Schriftenreihe „Miasmatische Heilkunst“ in 5 Bänden

Mit Homöopathie, Naturheilkunde und Übungen

Das Set kostet statt 5 x 29 EUR=145 EUR (Subskriptionspreis) nur 5 x 27 EUR=135 EUR. Der erste Band „Syphilitisches Miasma“ wird im Frühjahr 2012 erscheinen. Alle Bände erscheinen über einen Zeitraum von 2 Jahren.

Set-Preis nach Erscheinen aller Bände 157 EUR (statt 170 EUR).

In der neuen Schriftenreihe „Miasmatische Heilkunst“ steht die praktische Umsetzung miasmatischer Erkenntnisse in den Praxisalltag im Zentrum. Bei jedem der 5 Bände steht jeweils ein Miasma im Vordergrund.

Viele Heilungsberichte von Kolleginnen und Kollegen, illustriert durch Malereien und Zeichnungen von Kindern und Erwachsenen, geben Einblick in den kreativen Umgang mit der Miasmatik. Die Beispiele machen Mut und motivieren andere Kollegen, auch bei schweren Pathologien der Kraft der Homöopathie zu vertrauen.

Jedes Miasma wird ganzheitlich betrachtet : Was sind seine kollektiven und individuellen Charakteristika, welche Körperzeichen sind typisch? Welche Krankheiten und Pathologien gehören zu welcher miasmatischen Schicht? Welche Therapien haben sich in einem ganzheitlichen Behandlungskonzept bewährt? Welche homöopathischen Arzneien dringen an die miasmatische Wurzel, stärken ein Organsystem und die Konstitution des Patienten? Wie erkennt man die Logik des Krankwerdens und die Logik des Heilwerdens?

Jeder Buchband wird durch künstlerische Zeichnungen und Gedichte aus dem Kollegenkreis illustriert, so dass ein Zugang zu den Miasmen über alle Sinne geschehen kann.

Band 1: Syphilitisches Miasma - das Höchste und Niedrigste in der Mitte vereinen

Band 2: Karzinosines Miasma - den schöpferischen Selbstausdruck zulassen

Band 3: Sykotisches Miasma - die Mitte finden und bewahren

Band 4: Tuberkulines Miasma - das Echte vom Unechten unterscheiden

Band 5: Psorisches Miasma - die Kraft der Beziehungsfähigkeit erlangen

Harald Knauss

Set der Schriftenreihe „Spirituelle Heilkunst" in 5 Bänden

Ganzheitliche Prophylaxe und Behandlung von Strahlenschäden

Das Set kostet statt € 165.- (einzeln) nur € 150.-. Nach Erscheinen aller Bände kostet das Set € 175.- (statt € 190.- beim Einzelkauf).

Die spirituellen Wege vermittelten zu allen Zeiten eine Anleitung, wie der Mensch sich mit seinem höheren, geistigen Aspekt verbinden kann. Gerade die spirituellen Wege und ihre Übungen stoßen heute wieder verstärkt auf das Interesse der Menschen, weil sie die übende Person stets mit einbeziehen. Immer mehr Menschen begreifen, daß Krankheit auch eine Aufforderung ist, sich mit sich selbst zu beschäftigen und daher möchten die Patienten verstärkt auch das ihre hinzutun. Dafür eignen sich die in den Büchern enthaltenen Übungen, weil sie die spirituelle Wirklichkeit einer Person berücksichtigen. Die Menschen heute möchten wieder in eine harmonische, kosmische Lebensordnung hineinkommen.

Band 1: Grundlagen und Hintergründe der spirituellen Heilkunst

Band 2: Die Atemkunst – Schlüssel zum Lebensrhythmus

Band 3: Drüsen und Cakras – Zentren der Schöpferkraft und Transformation

Band 4: Töne, Klänge, Vokale – Vom Wesen der inneren Lebensordnungen

Band 5: Die drei menschlichen Grundtypen - Erkenne und Heile dich selbst

Harald Knauss

Die Botschaft der Bäume - Band 1 und 2

Band 1: Die Welt der Bäume und die Essenzen der Nadelbäume
236 Seiten, geb., € 39.-

Band 2: Die Essenzen der Laubbäume mit Baum-Repertorium
232 Seiten, geb., € 39.-

Die Heckenrose –die Kraft der Liebe, der Holunder – die Kraft der Demut, der Haselstrauch – die Kraft der Resonanz – Harald Knauss beschreibt in diesem Werk die Bäume, so dass sie einem wie nahe bekannte Wesen erscheinen.

Der Autor spürt der tiefen Bedeutung der Bäume in unserer alten Kultur nach und erschließt den Lesern so einen neuen, lebendigen, spirituellen Zugang zu ihnen. Einzelne wichtige Baumarten der mitteleuropäischen Landschaft werden detailliert in ihrer persönlichen Schwingung beschrieben, die Wirkung ihrer Baumessenzen vorgestellt. Ein umfassendes Buch über die Energie der Bäume, ihre Botschaft an uns heute Lebenden für die Zukunft von morgen.

Impressum

Rosina Sonnenschmidt
Der Mutteratem in der Familienaufstellung
Durch rhythmisches Atmen zur Selbstverwirklichung
Mit Beiträgen von Mechthild Scheffer und Harald Knauss

ISBN 978-3-941706-73-6

1. Auflage 2011

Blumenplatz 2, 79400 Kandern, Tel.: +49 7626 974970-0
E-Mail: info@narayana-verlag.de, Homepage: www.narayana-verlag.de

Coverabbildung © Fotolia_16139172_chesterF

Layout/Satz: www.apanoua.de, Christian Korn

Narayana Verlag

Blumenplatz 2, D-79400 Kandern
Tel: +49 7626-974970-0, Fax: +49 7626-974970-9

info@narayana-verlag.de